Sportler*innen motivieren

Vanessa Gottschall • Susanne Kappes • Oliver Dickhäuser

Sportler*innen motivieren

Gedanken verändern - Leistung steigern

 Springer

Vanessa Gottschall
Forst, Deutschland

Susanne Kappes
Wörth am Rhein, Deutschland

Oliver Dickhäuser
Mannheim, Deutschland

ISBN 978-3-658-32517-6   ISBN 978-3-658-32518-3   (eBook)
https://doi.org/10.1007/978-3-658-32518-3

Die Deutsche Nationalbibliothek verzeichnet diese Publikation in der Deutschen Nationalbibliografie; detaillierte bibliografische Daten sind im Internet über http://dnb.d-nb.de abrufbar.

Titelbild: (c) South_agency
Umschlaggestaltung deblik Berlin

Planung/Lektorat: Eva Brechtel-Wahl

Springer ist ein Imprint der eingetragenen Gesellschaft Springer Fachmedien Wiesbaden GmbH und ist ein Teil von Springer Nature.
Die Anschrift der Gesellschaft ist: Abraham-Lincoln-Str. 46, 65189 Wiesbaden, Germany

Vorwort

Wer kennt das nicht? Man hat ein Ziel vor Augen, investiert sehr viel, um es zu erreichen und scheitert am Ende doch. Der ganze Aufwand war umsonst. Woran lag es, dass der erhoffte Erfolg ausblieb?

Für Misserfolge können viele verschiedene Ursachen gefunden werden. Diese Ursachen können zum Beispiel in den äußeren Umständen, dem eigenen mangelnden Können oder in einer falschen Herangehensweise gesehen werden. Diese Erklärungen, welche man für seine Misserfolge hat, können dann beeinflussen, wie man in zukünftigen ähnlichen Situationen handeln wird. Wird die Ursache für Misserfolge als nicht selbst beeinflussbar angesehen, kann es dazu kommen, dass die Motivation abnimmt. Die innere Logik dahinter lautet: Wieso sollte man sich das nächste Mal wieder anstrengen, wenn die Erreichung des Ziels nicht in der eigenen Macht steht? Ob als Ursache für den Misserfolg nun die eigenen mangelnden Fähigkeiten oder auch unbeeinflussbare, äußere Umstände wie ein unfairer Wettbewerb betrachtet werden: Das nächste Mal wird man sich nicht noch einmal so ins Zeug legen, um dieses Ziel zu verfolgen. Für die Motivation wäre es förderlicher, wenn die Ursachen für den Misserfolg auch in beeinflussbaren Faktoren gesehen werden. So könnte eine durchaus plausible Erklärung für den Misserfolg sein, eine falsche Trainingsstrategie angewendet oder nicht genug investiert zu haben. Wird solch eine persönliche Ursache als Erklärung herangezogen, ist es wahrscheinlicher, dass die Person motiviert ist, ein ähnliches Ziel in Zukunft erneut zu verfolgen und weiterhin fokussiert zu trainieren. Denn: Es gibt die Aussicht, zukünftig doch noch erfolgreich bei der Zielerreichung zu sein.

All diese Erklärungen, die für Ergebnisse des eigenen Handelns gesucht werden und das zukünftige Handeln beeinflussen können, gehen uns in Form von Gedanken durch den Kopf. Der vorliegende Band beschäftigt sich mit solchen sogenannten Ursachenzuschreibungen und den Möglichkeiten, diese in motivationsförderlicher und leistungssteigernder Weise zu verändern.

Im Sportkontext kann sich die Motivation der Sportler*innen in vielfältiger Art und Weise auf deren Verhalten und Leistungen auswirken. Ob es sich um Einzelsportler*innen, Mannschaftssportler*innen, Breitensportler*innen oder Leistungssportler*innen handelt, sie alle müssen Motivation aufbringen, um zu trainieren, über längere Phasen ausdauernd zu sein, sich zu konzentrieren und schlussendlich gute Leistungen zu erzielen. Ziel dieses Bandes ist es, Trainer*innen Wege aufzuzeigen, die Motivation von Sportler*innen, insbesondere durch die Nutzung guter, motivationszuträglicher Ursachenzuschreibungen, zu stärken und zu fördern.

Der vorliegende Band besteht aus drei Teilen: Teil I vermittelt die theoretischen Grundlagen der Motivationsförderung. Teil II gibt Trainer*innen konkrete Materialien an die Hand, um selbstständig Übungen zur Motivationsförderung mit Sportler*innen durchzuführen. Teil III geht auf spezielle Herausforderungen ein, die bei der Motivationsförderung auftreten können.

In Teil I werden die theoretischen Grundlagen in drei Kapiteln erläutert. Hierzu wird in Kap. 1 zunächst darauf eingegangen, was Motivation konkret ist und welche Faktoren einen Einfluss darauf haben, ob Personen motiviert sind. Zudem werden die Folgen von Motivation für Verhalten und Leistung einer Person dargestellt. Kap. 2 beschäftigt sich mit sogenannten Ursachenzuschreibungen als wichtige Faktoren, die für die Motivation von Personen verantwortlich sind. In diesem Kapitel werden wichtige psychologische Ansätze und Theorien erläutert, um das Konzept der Ursachenzuschreibung zu verdeutlichen. Dabei wird hervorgehoben, was die Quellen verschiedener Ursachenzuschreibungen sind und wie Ursachenzuschreibungen die Motivation beeinflussen. Im Anschluss daran wird in Kap. 3 auf Maßnahmen zur Veränderung von Ursachenzuschreibungen eingegangen. Diese Maßnahmen sind in praktischen Studien erprobte Konzepte zur Motivationsförderung und eignen sich gut zur Anwendung im Sport.

Teil II besteht aus einer Sammlung von Materialien, die Maßnahmen zur Veränderung von Ursachenzuschreibungen darstellen. Sie ermöglichen, dass Sportler*innen ihre Motivation und nachfolgend ihre Leistung steigern können. Die Materialien sind jeweils einzelne Übungen oder Leitfäden, die entweder im Verbund oder auch allein angewendet werden können. Teil II besteht aus fünf Kapiteln. In Kap. 4 wird ein möglicher Einstieg in die Anwendung von Übungen zur Veränderung von Ursachenzuschreibungen anhand unterstützender Materialien erläutert. Die danach folgenden Kapitel (Kap. 5, 6, 7, und 8) bieten jeweils Materialien zu einer von vier möglichen Maßnahmen zur Veränderung von Ursachenzuschreibungen: Psychoedukation, Kommentierung, Modellierung und Beobachtungsinformationen. Ein Überblick über die zusammengestellten Materialien wird zu Beginn des Teil II dieses Bandes gegeben.

In Teil III werden spezielle Herausforderungen bei der Motivationsförderung thematisiert. In Kap. 9 wird darauf eingegangen, wie mit herben Rückschlägen umgegangen werden sollte. Kap. 10 beschäftigt sich damit, wie mit vermeintlich fehlendem Können verfahren werden sollte, denn auch bei geringerem Talent kann Motivationsförderung durchaus notwendig und nützlich sein. Zuletzt wird in Kap. 11 auf den Umgang mit problematischen Ausprägungen des Wollens eingegangen.

Der vorliegende Band entstand parallel zu zwei weiteren, ebenfalls im Springer-Verlag erschienenen Bänden, die sich mit Techniken der Motivationsförderung beschäftigen. Während sich diese drei Bände in ihrem Aufbau und in den genutzten theoretischen Grundlagen gleichen, unterscheiden sie sich in den Kontexten, auf die diese Grundlagen (etwa in Form von Beispielen) bezogen werden. Auch die Arbeitsmaterialien in Teil II und die speziellen Herausforderungen in Teil III sind konsequent auf den jeweiligen Anwendungskontext bezogen. Der vorliegende Band wendet sich dabei an Trainer*innen im Breiten- und Leistungssport. Im Gegensatz dazu fokussiert sich der Band von Fischer et al. (2021) auf Motivationsförderung im Arbeitskontext und in Organisationen und ein dritter Band (Badewitz et al. 2021) widmet sich der Anwendung der Techniken in Schule und Hochschule. Damit stellen wir wertvolles Wissen und hilfreiche Materialen zur Förderung von Motivation für einen breiten Bereich von Anwendungsgebieten zur Verfügung.

Wir wünschen den Leserinnen und Lesern dieses Bandes viel Freude dabei, ein tieferes Verständnis der Bedeutung von Motivation zu entwickeln und natürlich viel Erfolg in der Anwendung der vorgestellten Techniken zur Motivationsförderung.

Vanessa Gottschall
Susanne Kappes
Oliver Dickhäuser
Mannheim
März 2021

Inhaltsverzeichnis

Grundlagen der Motivations-förderung

Motivation ist ein zentraler Aspekt für den Erfolg von Sportler*innen. Ziel dieses Bandes ist es, Trainer*innen Wege aufzuzeigen, die Motivation ihrer Sportler*innen insbesondere durch die Nutzung guter, motivationszuträglicher Ursachenzuschreibungen zu stärken und zu fördern. Hierzu werden in diesem ersten Teil des Bandes wichtige theoretische Grundlagen der Motivationsförderung vermittelt. So können tiefergehendes Wissen über das Konzept der Motivation erreicht sowie die Hintergründe des hier vorgestellten Konzepts der Ursachenzuschreibungen als Schlüsselaspekt bei der Motivationsförderung kennengelernt werden.

In Kap. 1 wird erläutert, was Motivation ist und welche Bedeutung diese für Leistung hat. In Kap. 2 wird dann das Konzept der Ursachenzuschreibungen erklärt als ein Faktor, der für die Motivation von Personen verantwortlich ist. Im Anschluss daran wird in Kap. 3 auf Maßnahmen zur Veränderung von Ursachenzuschreibungen eingegangen. Zur besseren Übersicht, welche theoretischen Inhalte in den Kapiteln behandelt werden, sind zu Beginn jedes Kapitels Leitfragen aufgeführt, die im Verlauf des Kapitels beantwortet werden.

Inhaltsverzeichnis

Die Bedeutung von Motivation für Leistung

Inhaltsverzeichnis

© Springer Fachmedien Wiesbaden GmbH, ein Teil von Springer Nature 2021
V. Gottschall et al., *Sportler*innen motivieren*,
https://doi.org/10.1007/978-3-658-32518-3_1

1

Im Alltag ist Motivation ein viel benutzter Begriff. Hat zum Beispiel ein Jugendlicher den Ehrgeiz, der Beste seiner Fußballmannschaft zu sein, so vermuten wir, dass er motiviert bei der Sache ist. Das Konzept der Motivation ist jedoch komplexer als gemeinhin angenommen. Was sich genau hinter dem Konzept der Motivation verbirgt, wovon Motivation beeinflusst wird und welche Folgen motiviertes Verhalten hat, wird in diesem Kapitel erläutert. Im Verlauf des Kapitels werden somit folgende Leitfragen beantwortet:

- Was ist Motivation?
- Wovon wird Motivation beeinflusst?
- Wie wirkt sich Motivation auf unser Verhalten aus?
- Wie hängt Motivation mit Leistung zusammen?
- Wie beeinflusst die Ursachenzuschreibung von Verhaltensergebnissen die zukünftige Motivation?

1.1 Was ist Motivation?

Obwohl viele, im Detail verschiedene Definitionen existieren, kann Motivation im Kern beschrieben werden als die Kraft, die zielgerichtetem Verhalten zugrunde liegt (Achtziger et al. 2019). Wenn ein Sportler Spaß daran hat, eine neue Technik zu erlernen, eine Sportlerin sich auf ein wichtiges Turnier vorbereitet, um zu gewinnen, oder Sportler*innen regelmäßig ins Training kommen, um ihre Freunde zu sehen, handelt es sich bei all diesen verschiedenen Arten von Verhalten jeweils um motiviertes, also auf die Erreichung von einem bestimmten Ziel ausgerichtetes, Verhalten. Allerdings sind die Personen in den drei Beispielen durch sehr unterschiedliche Ziele motiviert: Spaß haben, Höchstleistung im Turnier zeigen und Freunde treffen.

> **Motivation** ist die Kraft, die zielgerichtetem Verhalten zugrunde liegt.

In der Motivationspsychologie wird unterschieden, welche Art von Zielen sich Personen setzen. Möchte eine Person Höchstleistungen bei einem Wettkampf zeigen, dann verfolgt sie eine „Hin-zu-Strategie" („Ich möchte hin zu Bestleistungen"); möchte sie dahingegen verhindern, sich auf dem nächsten Wettkampf durch schlechte Leistung zu blamieren, dann verfolgt sie eine „Weg-von-Strategie" („Ich möchte weg von Blamagen"). Personen können also entweder dadurch motiviert sein, dass sie ein gewisses Ziel erreichen möchten (Annäherungsziel) oder dadurch, dass sie ein unerwünschtes Ziel vermeiden möchten (Vermeidungsziel). Beide Arten der Zielsetzung und somit der Motivation steuern Verhalten. Dabei ist es möglich, dass ein und demselben Verhalten (beispielsweise intensivem Training) unterschiedliche Motivationen (Leistung zeigen vs. Blamage verhindern) zugrunde liegen. In Tab. 1.1 werden Beispiele für Annäherungs- und Vermeidungsziele gegeben.

◘ Tab. 1.1 Beispiele zur Verdeutlichung von Annäherungs- und Vermeidungszielen

Annäherungsziele („Hin-zu-Strategie")	Vermeidungsziele („Weg-von-Strategie")
Johann möchte in seinem nächsten 5 km-Lauf eine gute Zeit laufen, daher trainiert er viel.	Lisa möchte in ihrem nächsten 100 m Sprint auf keinen Fall Letzte werden, daher trainiert sie viel.
Julia möchte mit ihrer Saltotechnik alle beeindrucken, daher trainiert sie diese intensiv.	Martin möchte sich bei seiner nächsten Barrenübung nicht vor allen blamieren, deswegen trainiert er diese intensiv.
Anton redet vor dem Training noch gerne mit seinen Mannschaftskollegen, daher kommt er immer schon einen Zug früher.	Petra muss beim Zuspätkommen zur Strafe in die Mannschaftskasse zahlen, deshalb nimmt sie lieber einen Zug früher.
Philipp begeistert sich sehr für abwechslungsreiche Aufwärmübungen, daher informiert er sich immer über neue Übungen in Zeitschriften und im Internet.	Lisa möchte vermeiden, dass sich ihre Mannschaft über monotone Aufwärmübungen beschwert, daher recherchiert sie regelmäßig nach neuen Ideen.

Der Vorteil von Annäherungszielen gegenüber Vermeidungszielen liegt darin, dass Personen bei Annäherungszielen das Ziel konkreter und mit positiven Vorstellungen verbunden vor Augen haben können; dies führt oft auch zu konkreteren Vorstellungen, wie das Ziel erreicht werden kann. Annäherungsziele motivieren also über das Anstreben positiver Zielzustände (z. B. Hoffnung auf Erfolg; Anstreben von damit verbundenem Stolz), Vermeidungsziele motivieren über die Vermeidung negativer Zielzustände (z. B. Furcht vor Misserfolg; Vermeiden von damit verbundener Scham).

1.2 Wovon wird Motivation beeinflusst?

Die Motivation einer Person wird sowohl durch Merkmale der Person als auch durch Merkmale der Situation beeinflusst. Unter Merkmalen einer Person versteht man zum Beispiel ihre Bedürfnisse, Überzeugungen oder Werte. In diesen Merkmalen können sich Personen unterscheiden. So kann es sein, dass es Laura sehr wichtig ist, durch gute Leistungen zu überzeugen (= hohes Leistungsmotiv), weshalb sie sich sowohl im Training als auch in der Schule sehr anstrengt. Lukas ist es hingegen vor allem wichtig, von anderen gemocht zu werden (= hohes Anschlussmotiv), weshalb er Konflikten im Training und im Privatleben aus dem Weg geht. Martin ist es wiederum sehr wichtig, Einfluss auf andere Personen und wichtige Entscheidungen zu haben (= hohes Machtmotiv). Er engagiert sich daher als Klassensprecher und ist im Vorstand seines Vereins tätig. Diese verschiedenen Motive sind eher stabile Merkmale der Person und können erklären, warum unterschiedliche Personen in der gleichen Situation (beispielsweise Spieler*innen der gleichen Mannschaft) unterschiedlich motiviert handeln (Heckhausen und Heckhausen 2018).

Neben den Merkmalen der Person können auch die Merkmale der Situation die Motivation beeinflussen. Wenn auch der*die fleißigste Sportler*in in einer bestimmten Trainingseinheit irgendwann nicht mehr richtig mitmacht, könnte es sein, dass die Ursache in der Situation (hier also in der Trainingseinheit selbst) zu finden ist. Merkmale der Trainingseinheit, etwa deren Aufbau, Inhalt oder Anspruchsniveau, beschreiben Rahmenbedingungen, die die Motivation ebenfalls beeinflussen. Diese Rahmenbedingungen wirken auf alle Personen ein. Allerdings kann die gleiche Situation bei unterschiedlichen Personen einen anderen Effekt haben. So kann es sein, dass sich in dem oben genannten Beispiel bestimmte Sportler*innen durch eine schlechte Trainingseinheit herausgefordert sehen, diese durch eigenständiges Training zu kompensieren, während andere Sportler*innen einfach die Lust verlieren und nicht mehr richtig mitmachen.

Motivation entsteht somit erst durch das Zusammenspiel von Merkmalen der Person und Merkmalen der Situation (Heckhausen und Heckhausen 2018). Das Zusammenspiel kann auch darin bestehen, dass eine bestimmte Situation von der Person als besonders günstig angesehen wird, bestimmte persönliche Ziele zu erreichen. Gerade in günstigen Situationen ist es besonders wahrscheinlich, dass eine Person motiviert handelt, um die angestrebten Ziele zu erreichen.

1.3 Wie wirkt sich Motivation auf unser Verhalten aus?

Motivation wirkt sich in vielfältiger Art und Weise auf das Verhalten aus. Genau genommen kann man größtenteils erst durch das gezeigte Verhalten einer Person darauf schließen, dass Motivation vorliegt. Motivation hat dabei einen Einfluss auf vier verschiedene Aspekte des Verhaltens: Auf die Verhaltensinitiierung, die Verhaltensausrichtung, die Verhaltensintensität und die Verhaltensdauer (Grassinger et al. 2019). Bei der Verhaltensinitiierung geht es um die Frage, ob und wann ein Verhalten begonnen wird. Die Verhaltensausrichtung bezieht sich darauf, welche Art von Verhalten eine Person zeigt beziehungsweise mit welchen Inhalten oder Aufgaben sie sich beschäftigt. Der Aspekt der Verhaltensintensität betrifft die Qualität des Verhaltens, etwa wie tief sich eine Person mit etwas beschäftigt oder wie stark sie sich auf etwas konzentriert. Verhaltensdauer bezieht sich darauf, wie lange ein Verhalten gezeigt wird beziehungsweise wann es abgebrochen wird. Tab. 1.2 illustriert die vier verschiedenen Arten von Verhaltensaspekten anhand von Beispielen. Diese Beispiele zeigen, wie vielfältig sich Motivation auf das Verhalten von Sportler*innen auswirken kann. Ein bestimmtes Verhalten wird nur begonnen und mit einer bestimmten Intensität und Ausdauer gezeigt, wenn auch die Motivation für dieses Verhalten vorhanden ist.

Abb. 1.1 zeigt das bis hierhin erläuterte Zusammenspiel von Personen- und Situationsfaktoren für die Entstehung von Motivation und deren Auswirkung auf Verhalten. Die Abbildung wird im weiteren Verlauf dieses Kapitels nach und nach um weitere Elemente ergänzt, sodass sich ein Gesamtbild ergibt, welches die Entstehung und Auswirkung von Motivation illustriert.

◘ **Tab. 1.2** Erklärungen und Beispiele von Verhaltensinitiierung, Verhaltensausrichtung, Verhaltensintensität und Verhaltensdauer

Verhaltensaspekt	Erklärung	Beispiele
Verhaltensinitiierung	Beginnen Personen ein Verhalten zu zeigen? Und wenn ja, wann?	Michael beginnt immer früher mit dem Training als Lars. Max beginnt mit der Turniervorbereitung schon einen Monat vorher.
Verhaltensausrichtung	Welches Verhalten zeigen Personen?	Paula legt den Fokus des Trainings auf ihre Schnelligkeit, während Maik seine Kraftausdauer trainiert. Peter hat sich entschieden, ins Leichtathletik-Training zu gehen.
Verhaltensintensität	Wie stark zeigen Personen ein Verhalten?	Karl trainiert an fünf Tagen in der Woche, Amelie nur vier Mal. Lisa pausiert ein halbes Jahr in der Uni, um sich mit ganzer Kraft auf die Olympischen Spiele vorzubereiten.
Verhaltensdauer	Wie lange zeigen Personen ein Verhalten? Wann wird es beendet?	Wenn Tim sich auf ein wichtiges Turnier vorbereitet, trainiert er zwei Wochen lang täglich. Wenn Alex keinen Fortschritt in seiner Technik sieht, wechselt er diese nach einigen Wochen Training.

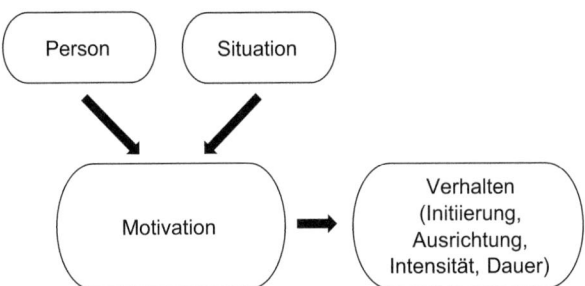

◘ **Abb. 1.1** Modell zu Ursachen und Folgen von Motivation

1.4 Wie hängt Motivation mit Leistung zusammen?

Leistung ist die Folge von Verhalten, das ausgeführt wird, um ein bestimmtes Ziel zu erreichen. Ohne Frage ist Leistung – neben anderen angestrebten Ergebnissen – sehr wichtig im Sport. In der Forschung konnte gezeigt werden, dass die Steigerung von Motivation und die Steigerung von sportlicher Leistung zusammenhängen (z. B. Beauchamp et al. 1996 oder Simons et al. 2003).

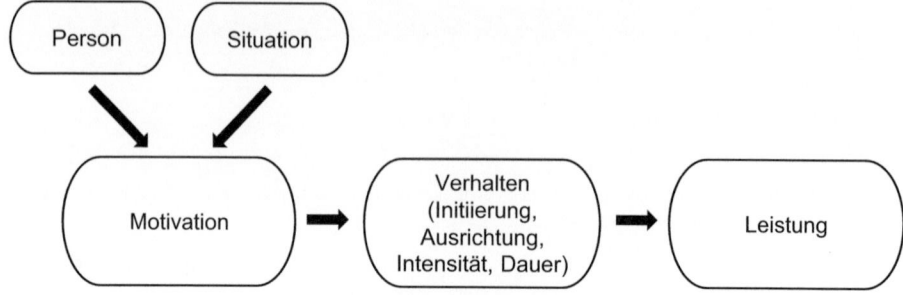

⌾ Abb. 1.2   Erweitertes Modell zu Ursachen und Folgen von Motivation

Die Rolle von Motivation für Leistung kann dabei über die vier oben genannten Verhaltensaspekte (siehe Abschn. 1.3) erklärt werden: Wenn eine Person motiviert ist, kann dies dazu führen, dass sie früher beginnt, ein Verhalten zu zeigen (Verhaltensinitiierung). Sportler*innen würden also beispielsweise frühzeitig mit der Vorbereitung auf einen Wettkampf beginnen. Zudem ist Motivation wichtig dafür, welches bestimmte Verhalten gezeigt wird (Verhaltensausrichtung). Der Fokus des Trainings könnte etwa auf die Kraftausdauer gelegt werden. Auch wie stark eine Person ein Verhalten zeigt, wird durch die Motivation beeinflusst (Verhaltensintensität). Ein*e motivierte*r Sportler*in würde bei der Vorbereitung auf die Wettkampfsaison sehr intensiv trainieren. Darüber hinaus kann sich Motivation darauf auswirken, wie lange ein Verhalten gezeigt wird (Verhaltensdauer), also beispielsweise auf das Einüben einer schwierigen Technik über längere Zeit. All diese Verhaltensweisen können sich schlussendlich in besseren Leistungen niederschlagen.

Motivation ist somit von wichtiger Bedeutung für die Leistung von Sportler*innen in den verschiedensten Sportarten. Der Einfluss von Motivation auf die Leistung gilt im Übrigen nicht nur für Sportler*innen: So ist beispielsweise auch bei Trainer*innen relevant, wie motiviert sie sind. Motiviertere Trainer*innen verhalten sich anders als weniger motivierte, was wiederum ihre Leistung und ihren Erfolg beeinflusst.

Abb. 1.2 zeigt den hier beschriebenen Zusammenhang von Motivation, Verhalten und Leistung. Aus dieser Darstellung lässt sich auch ableiten, dass sich die Förderung von Motivation in einer Steigerung von Leistung niederschlagen wird.

1.5   Ursachenzuschreibung und zukünftige Motivation

Motivation ist nicht nur vor und während eines Verhaltens relevant, sondern auch nach der Ausführung des Verhaltens. Sie spielt eine Rolle, wenn die Person nach der Ausführung eines Verhaltens beurteilt, ob das angestrebte Ziel erreicht wurde. Diese Beurteilung beeinflusst spätere Ziele und die zukünftige Motivation. Hat ein*e Sportler*in ein wichtiges Ziel erreicht (etwa ein bedeutsames Turnier gewonnen), so wird er*sie eine Vorstellung davon bilden, welches Verhalten zum Erfolg des Ziels geführt hat. Das Verhalten wird dann als Ursache dafür gesehen, dass das Ziel erreicht wurde. Für zukünftige ähnliche Ziele wird ein*e Sportler*in erneut die Motivation haben, ein solches Verhalten zu zeigen.

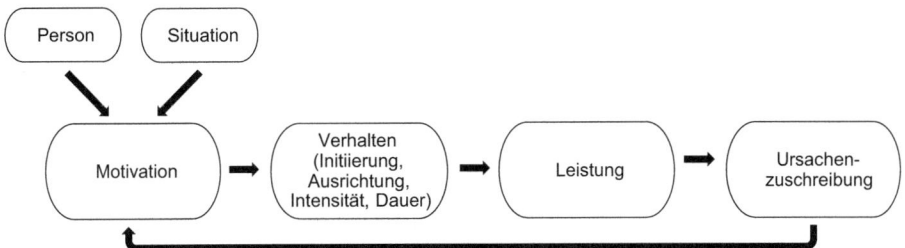

◘ Abb. 1.3 Erweitertes Modell zu Ursachen und Folgen von Motivation und Ursachenzuschreibungen

Wird ein Ziel durch das eigene Handeln nicht erreicht, fragt sich der*die Sportler*in nach den Ursachen für die Nichterreichung. Denn dann steht die Frage im Raum, ob die Person das Ziel weiterverfolgen soll (etwa auf anderem Wege oder mit intensivierter Anstrengung) oder sich ein anderes Ziel setzt. Die verschiedenen, gefundenen Ursachenzuschreibungen für den Misserfolg können dabei anschließendes Verhalten auf unterschiedliche Art und Weise beeinflussen (Heckhausen und Heckhausen 2018). Was genau Ursachenzuschreibungen sind, wie sie entstehen und welche Eigenschaften sowie Konsequenzen sie haben, wird in Kap. 2 beschrieben.

Nachfolgend illustriert ein Beispiel die Auswirkung von Ursachenzuschreibungen auf die zukünftige Motivation: Wird Philipp bei einer Reck-Übung nicht die angestrebte Punktzahl erhalten, kann es sein, dass er die Ursache darin sieht, dass er die Übung unsauber ausgeführt hatte. Für den nächsten Wettkampf wird er vermutlich mehr trainieren. Denkt er jedoch, die unsaubere Ausführung lag an der schlechten Luft in der Halle, wird er auch beim nächsten Mal nicht mehr trainieren, da er durch sein eigenes Training den Ort des Wettkampfes (also die Halle) nicht beeinflussen kann. Diesem Beispiel entsprechend zeigt Abb. 1.3, wie die an eine erzielte Leistung anschließende Ursachenzuschreibung wiederum Wirkungen auf die Motivation einer Person hat.

Die Ursachenzuschreibungen der Ergebnisse des Verhaltens spielen somit eine zentrale Rolle bei der Bildung oder Veränderung von Motivation. Entsprechend wird im nächsten Kapitel ausführlicher darauf eingegangen, was Ursachenzuschreibungen sind und es wird deutlich gemacht, wie sich verschiedene Ursachenzuschreibungen genau auf die Motivation einer Person auswirken können. Hierauf aufbauend werden im dritten Kapitel Methoden vorgestellt, die Ursachenzuschreibungen von Personen gezielt beeinflussen und verändern, um so ihre Motivation zu fördern.

1.6 Zusammenfassung

— **Was ist Motivation?**
Motivation beschreibt die Kraft, die zielgerichtetem Verhalten zugrunde liegt.
— **Wovon wird Motivation beeinflusst?**
Die Motivation von Personen wird durch Merkmale der Person und Merkmale der Situation beeinflusst. Merkmale der Person können eigene Bedürfnisse, Überzeugungen oder Werte sein. Merkmale der Situation beziehen sich auf Rahmenbedingungen wie z. B. Aufbau, Inhalt oder Anspruchsniveau der Trainingseinheit.

1

— **Wie wirkt sich Motivation auf unser Verhalten aus?**
Motivation führt dazu, dass Sportler*innen je nach Training, Trainer*in und anderen Umständen frühzeitig beginnen, ein Verhalten zu zeigen. Ihr Verhalten ist zielgerichtet und fokussiert. Zudem führen sie es mit hoher Intensität aus und sind bereit, das Verhalten über einen gewissen Zeitraum aufrecht zu erhalten.

— **Wie hängt Motivation mit Leistung zusammen?**
Motivation hat im Sportkontext eine große Bedeutung für Leistung. Motivation beeinflusst die Verhaltensinitiierung, -ausrichtung, -intensität und -dauer. Nachfolgend kann sich Motivation in besseren sportlichen Leistungen niederschlagen.

— **Wie beeinflusst die Ursachenzuschreibung von Verhaltensergebnissen die zukünftige Motivation?**
Die Sportler*innen bewerten ihr eigenes Verhalten mit Blick auf die Erreichung der angestrebten Ziele. Die Art, wie die Leistung subjektiv hinsichtlich der Erreichung eines Ziels bewertet wird und welche Ursachenzuschreibungen durch die Sportler*innen herangezogen werden, wird die zukünftige Motivation beeinflussen. Dadurch wird der beschriebene Prozess der Beeinflussung und Auswirkung von Motivation erneut angestoßen. Der Kreislauf des Motivationsprozesses ermöglicht, dass eine Veränderung der Ursachenzuschreibungen eine Motivations- und Leistungsveränderung von Sportler*innen bewirken kann. Die Veränderung von Ursachenzuschreibungen ist somit ein guter Ansatzpunkt für die Förderung von Motivation.

Literatur

Achtziger, A., Gollwitzer, P., Bergius, R., & Schmalt, H. (2019). Motivation. In M. A. Wirtz (Hrsg.), *Dorsch – Lexikon der Psychologie*. https://m.portal.hogrefe.com/dorsch/motivation/. Zugegriffen am 07.06.2021.

Beauchamp, P. H., Halliwell, W. R., Fournier, J. F., & Koestner, R. (1996). Effects of cognitive-behavioral psychological skills training on the motivation, preparation, and putting performance of novice golfers. *The Sport Psychologist, 10*(2), 157–170. https://doi.org/10.1123/tsp.10.2.157.

Grassinger, R., Dickhäuser, O., & Dresel, M. (2019). Motivation. In D. Urhahne, M. Dresel, & F. Fischer (Hrsg.), *Psychologie für den Lehrberuf* (S. 207–227). Heidelberg: Springer.

Heckhausen, J., & Heckhausen, H. (2018). Motivation und Handeln: Einführung und Überblick. In J. Heckhausen & H. Heckhausen (Hrsg.), *Motivation und Handeln* (5. Aufl., S. 1–11). Berlin/Heidelberg: Springer.

Simons, J., Dewitte, S., & Lens, W. (2003). „Don't do it for me. Do it for yourself!" Stressing the personal relevance enhances motivation in physical education. *Journal of Sport & Exercise Psychology, 25*(2), 145–160. https://doi.org/10.1123/jsep.25.2.145.

Die Kraft der Gedanken: Wie Ursachenzuschreibungen Menschen beeinflussen

Inhaltsverzeichnis

© Springer Fachmedien Wiesbaden GmbH, ein Teil von Springer Nature 2021
V. Gottschall et al., *Sportler*innen motivieren*,
https://doi.org/10.1007/978-3-658-32518-3_2

2

In diesem Kapitel werden Grundlagen von Ursachenzuschreibungen beleuchtet und anhand praktischer Beispiele veranschaulicht. Theoretische und empirische Arbeiten zu Ursachenzuschreibungen liegen in großer Breite aus verschiedenen Forschungsbereichen der Psychologie vor (einen Überblick liefert die Arbeit von Stiensmeier-Pelster und Heckhausen 2018). Aus Gründen der Klarheit beschränken wir uns in diesem Band auf zentrale theoretische Grundlagen, die einen direkten Bezug zu den späteren Materialien zur Motivationsförderung (siehe „Teil II") aufweisen. Im Anschluss an eine Definition von Ursachenzuschreibungen und die Darstellung erster theoretischer Ansätze hierzu gehen wir darauf ein, wie Personen zu bestimmten Ursachenzuschreibungen kommen. Hierbei betrachten wir zwei große Quellen von Ursachenzuschreibungen. Zudem gehen wir genauer auf Eigenschaften und Konsequenzen von Ursachenzuschreibungen ein. Im Verlauf des Kapitels werden somit folgende Leitfragen beantwortet:

- Was sind Ursachenzuschreibungen?
- Woher kommen Ursachenzuschreibungen?
- Welche Eigenschaften haben Ursachenzuschreibungen?
- Welche Konsequenzen haben Ursachenzuschreibungen?

2.1 Was sind Ursachenzuschreibungen?

In der Verhaltensforschung geht man davon aus, dass Gedanken und Emotionen das menschliche Verhalten steuern. Eine besondere Klasse von Gedanken sind dabei sogenannte Ursachenzuschreibungen. Es wird angenommen, dass Menschen dazu neigen, gedanklich nach Ursachen für bestimmte Handlungen, Verhaltensweisen oder Ereignissen, etwa eigene Erfolge und Misserfolge, zu suchen. Wurde eine Ursache identifiziert, dann geht es im nächsten Schritt darum, wem oder was die Ursache zugeschrieben wird und welche Eigenschaften der Ursache zugeschrieben werden. Angenommen ein Sportler hat ein schlechtes Training (= bestimmtes Ereignis), dann könnte er die Ursache dafür darin sehen, dass er sehr müde und unkonzentriert war (= Ursachenidentifikation). Er schreibt die Ursache sich selbst zu (= wem oder was schreibe ich die Ursache zu) und weiß, dass er die Müdigkeit und Unkonzentriertheit im nächsten Training durch ausreichend Schlaf vermeiden kann. Er sieht die Ursache also als etwas kontrollierbares und veränderbares an (= welche Eigenschaften schreibe ich der Ursache zu). Ursachenzuschreibungen dienen Menschen dazu, zukünftige Ereignisse vorherzusagen, sie damit kontrollierbarer zu machen und ihr eigenes, zukünftiges Verhalten in ähnlichen Situationen anzupassen. Ursachenzuschreibungen betreffen gedankliche Überzeugungen, die Menschen über Ursachen von Handlungen, Verhaltensweisen oder Ereignissen bilden (Stiensmeier-Pelster und Heckhausen 2018).

> **Ursachenzuschreibungen** sind gedankliche Überzeugungen, die Menschen über Ursachen von Handlungen, Verhaltensweisen oder Ereignissen (z. B. eigene Erfolge und Misserfolge) bilden. Nachdem eine Ursache identifiziert wurde, geht es im nächsten Schritt darum, wem oder was die Ursache zugeschrieben wird (z. B. einem selbst oder äußeren Umständen) und welche Eigenschaften der Ursache zugeschrieben werden (z. B. Kontrollierbarkeit oder Veränderbarkeit).

Im vorliegenden Band wird es im Speziellen um Ursachenzuschreibungen für erfolgreiches bzw. erfolgloses Verhalten in sportlichen Leistungssituationen gehen. Als Leistungssituation gelten solche Situationen, in denen das Ergebnis des Handelns einer Person anhand von Maßstäben bewertet wird. Vor allem dann, wenn wir mit dem Ergebnis dieser Bewertung unzufrieden sind, suchen wir nach möglichen Ursachen. Beispielsweise kann sich eine Sportlerin, die das Ziel hat, eine gewisse Zeit über 100 m im Wettkampf zu laufen, diese Zeit aber überschritten hat, die Frage stellen, *warum* sie das selbst gesetzte Ziel nicht erreicht hat. Durch die Suche nach Ursachenzuschreibungen wird sie am Ende zu einer Überzeugung über die Ursache(n) für ihren Misserfolg gelangen, was wiederum ihr zukünftiges Verhalten beeinflussen kann, etwa in weiteren Wettkämpfen oder im Training. In Leistungssituationen ist zu beobachten, dass Menschen gerade nach Misserfolgen auf die Suche nach Ursachen gehen. Dies liegt daran, dass Misserfolge unerwünscht sind und Personen gerne vermeiden möchten, erneut Misserfolge zu verzeichnen.

Theorien zu Ursachenzuschreibungen geben Antworten auf die Frage, welche Informationen Menschen zur Erklärung von Verhaltensweisen nutzen. Des Weiteren betrachten sie, welche Ursachen am Ende des Suchprozesses als Erklärung angenommen werden und wie damit zukünftiges Verhalten beeinflusst wird.

Vielen Ansätzen zu Ursachenzuschreibungen liegt die Theorie der naiven Handlungsanalyse von Fritz Heider (1958) zugrunde. Die Theorie von Heider nimmt an, dass die Art und Weise, wie sich Menschen die Welt erklären, ihr Verhalten beeinflusst. Menschen beobachten Ereignisse oder Verhaltensweisen im Alltag und versuchen sich diese durch nicht beobachtbare Ursachen zu erklären. Warum ist dieses Ereignis passiert? Warum hat sich eine Person so verhalten? Durch dieses Vorgehen der Ursachenzuschreibung versucht der Mensch die Welt vorherzusagen und ein gewisses Maß an Kontrolle zu gewinnen.

Die wichtigste Erkenntnis der Theorie von Heider ist, dass die Ursachen für Ereignisse und Verhaltensweisen entweder der Person (innere Zuschreibung) oder der Situation (äußere Zuschreibung) zugeschrieben werden können. Diese beiden unterschiedlichen Kategorien werden wir anhand des Beispiels unserer Sportlerin, die ihre angestrebte Zeit im 100 m Sprint nicht erreicht hat, erläutern.

Wenn die Ursache der Person zugeschrieben wird (innere Zuschreibung), wird unterschieden zwischen folgenden Ursachen:

- Versuchen: Hat die Sportlerin zum Beispiel alle verfügbaren Trainingseinheiten wahrgenommen, konsequent trainiert und sich auf den Wettkampf vorbereitet?
- Können: Hat die Sportlerin beispielsweise genug Explosivkraft, um einen optimalen Start auszuführen?

2

Wenn die Ursache der Situation zugeschrieben wird (äußere Zuschreibung), wird unterschieden zwischen folgenden Ursachen:

- Schwierigkeit der Aufgabe: War die gesetzte Zielzeit realistisch und lag im Fähigkeitsbereich der Sportlerin?
- Glück/Pech und Zufall: Gab es unvorhergesehene Verletzungen wie einen Wadenkrampf oder ungünstige Wetterbedingungen wie starke Hitze?

2.2 Woher kommen Ursachenzuschreibungen?

Zur Bildung von Ursachenzuschreibungen für Ereignisse nutzen Menschen zwei große Quellen:

1. Informationen über die Zusammenhänge zwischen dem Ereignis und möglichen Ursachen.
2. Rückmeldungen von anderen Personen.

Diese zwei Möglichkeiten, wie Ursachenzuschreibungen gebildet werden, werden im Folgenden näher betrachtet.

2.2.1 Informationen über die Zusammenhänge zwischen dem Ereignis und möglichen Ursachen

Die Idee, dass bestimmte Informationen als Grundlage für Ursachenzuschreibungen dienen, stammt von Kelley (1973). Er nimmt an, dass Menschen systematisch nach Zusammenhängen zwischen den Ereignissen (z. B. Erfolgen oder Misserfolgen) und möglichen Ursachen suchen. Seine Theorie hat Parallelen zur Theorie von Heider (vergleiche Abschn. 2.1). Dabei misst Kelley verschiedenen Aspekten von Informationen, die zur Erklärung eines Ereignisses zur Verfügung stehen, eine besondere Bedeutung zu. Es werden drei Kategorien von Informationen unterschieden, nach denen Personen suchen können:

a) Variation über Personen: Hat das Auftreten des Ereignisses etwas mit unterschiedlichen **Personen** zu tun? Verhält sich nur eine bestimmte Person so? Verhalten sich andere Personen in der gleichen Situation genauso oder anders?

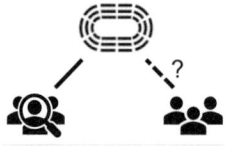

	= bestimmtes Ereignis (z. B. Misserfolg) in einem bestimmten Kontext (z. B. auf einem Wettkampf)
	= eine bestimmte Person
	= mehrere unterschiedliche Personen
/	= wurde bereits bewusst beobachtet
	= wurde noch nicht bewusst beobachtet
?	= Suchprozess

b) Variation über die Zeit: Hat das Auftreten des Ereignisses etwas mit unterschiedlichen **Zeitpunkten** zu tun? Verhält sich die Person nur zu diesem bestimmten Zeitpunkt so? Verhält sich die Person zu anderen Zeitpunkten (z. B. in der Vergangenheit) genauso oder anders?

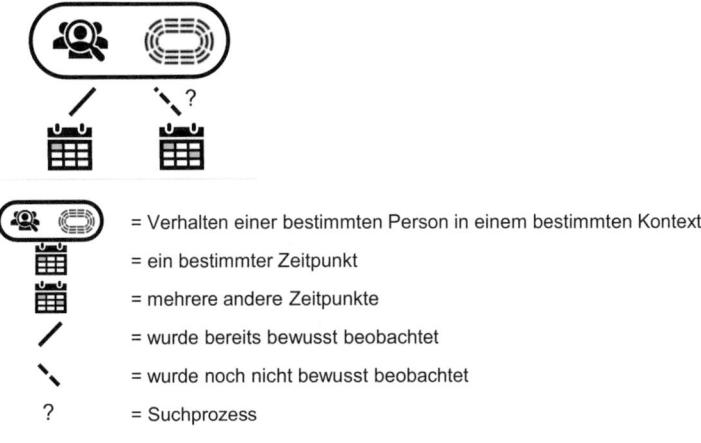

= Verhalten einer bestimmten Person in einem bestimmten Kontext
= ein bestimmter Zeitpunkt
= mehrere andere Zeitpunkte
= wurde bereits bewusst beobachtet
= wurde noch nicht bewusst beobachtet
? = Suchprozess

c) Variation über Situationen/Aufgaben: Hat das Auftreten des Ereignisses etwas mit unterschiedlichen **Situationen oder Aufgaben** zu tun? Zeigt die Person das Verhalten nur bei einer bestimmten Situation/Aufgabe? Verhält sich die Person bei anderen Situationen/Aufgaben genauso oder anders?

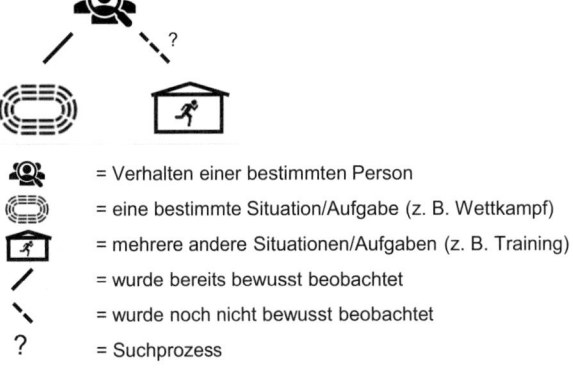

= Verhalten einer bestimmten Person
= eine bestimmte Situation/Aufgabe (z. B. Wettkampf)
= mehrere andere Situationen/Aufgaben (z. B. Training)
= wurde bereits bewusst beobachtet
= wurde noch nicht bewusst beobachtet
? = Suchprozess

Die Betrachtung der Zusammenhänge zwischen bestimmten Ereignissen (z. B. Erfolgen oder Misserfolgen) und möglichen Ursachen ist von großer Bedeutung für die Bildung von Ursachenzuschreibungen und auch ein sehr wichtiger Ansatzpunkt, um Personen dazu zu bringen, realistische Ursachenzuschreibungen zu bilden. Tab. 2.1 illustriert anhand von drei Beispielen aus dem Leistungssport die Fragen nach der Variation über Personen, über die Zeit und über Situationen.

☑ Tab. 2.1 Informationskategorien zur Bildung von Ursachenzuschreibungen

Informations kategorie	Personen	Zeit	Situationen/ Aufgaben
	Verschiedene Personen, eine Situation	*Verschiedene Zeitpunkte, eine Person, eine Situation*	*Verschiedene Situationen/ Aufgaben, eine Person*

Beispiel 1: Max ist Mitglied einer Fußballmannschaft, die heute an einem Wettkampf teilgenommen hat. Im heutigen Spiel ist seinem Trainer aufgefallen, dass er viele Fehlpässe gespielt hat. Der Trainer möchte herausfinden, woran das liegt.

Fragen	Haben heute auch andere Spieler*innen Fehlpässe gespielt oder nur Max?	Spielt Max in jedem Spiel Fehlpässe oder nur heute?	Passieren die Fehlpässe nur auf Wettkämpfen oder auch im Training?

Beispiel 2: Tina fährt zusammen mit ihrer kleinen Schwester Laura Kunstrad. In der Trainingshalle trainieren insgesamt drei Kunstrad-Paare. Der Trainerin fällt auf, dass sich Tina in letzter Zeit im Training vermehrt aufregt und ihre kleine Schwester Laura häufig beschimpft. Sie möchte herausfinden, warum sich Tina so verhält.

Fragen	Verhalten sich alle Kunstradfahrer Laura gegenüber unfreundlich oder nur Tina?	Ist Tina immer unfreundlich zu Laura oder nur gerade eben?	Verhält sich Tina nur im Training unfreundlich gegenüber Laura oder auch außerhalb?

Beispiel 3: Tim ist Turner und übt gerade seine Kür am Boden. Der Doppelsalto rückwärts will auch im dritten Versuch nicht klappen. Tim sagt verärgert, dass er aber auch gar nichts könne. Tims Trainerin ist verwundert über diese Aussage. Sie sucht nach Informationen, die ihr dabei helfen können, das Scheitern am Doppelsalto rückwärts zu begründen.

Fragen	Hat nur Tim Probleme mit dem Doppelsalto rückwärts oder auch andere Personen?	Ist dies das erste Mal, das Tim Probleme mit dem Doppelsalto rückwärts hat oder kommt das häufiger vor?	Hat Tim nur beim Doppelsalto rückwärts Probleme oder auch bei anderen Elementen wie der Schraube?

Kelley nimmt an, dass diese drei Arten von Fragen durch vorhandene Informationen beantwortet werden können. Von der Kombination der drei Antworten hängt es ab, wem oder was die Ursache für ein Ereignis zugeschrieben wird: Die Ursache für das gezeigte Verhalten kann also entweder an der handelnden Person liegen, an dem spezifischen Zeitpunkt oder an der spezifischen Situation/Aufgabe.

Angewandt auf das Beispiel vom Fußballspieler Max aus Tab. 2.1 könnte die Ursachenzuschreibung folgendermaßen aussehen:

- *Max ist verantwortlich – Zuschreibung der Ursache auf die handelnde Person*: Nur Max spielt Fehlpässe. Dies passiert ihm so gut wie in jedem Spiel, sowohl auf Wettkämpfen als auch im Training. Vermutlich muss er das präzise Passspiel noch intensiver trainieren (siehe Abb. 2.1 „Zuschreibung der Ursache auf die handelnde Person").
- *Es ist eine Ausnahme – Zuschreibung der Ursache auf den Zeitpunkt*: Nur Max spielt Fehlpässe. Das ist außergewöhnlich, ansonsten ist er immer sehr zielsicher. Auch auf anderen Wettkämpfen und im Training zeigt er immer eine gute Leistung. Es scheint am heutigen Tag zu liegen, vielleicht geht es ihm heute nicht gut (siehe Abb. 2.1 „Zuschreibung der Ursache auf den Zeitpunkt").
- *Es hängt von der Situation/Aufgabe ab – Zuschreibung der Ursache auf die Situation/Aufgabe*: Nicht nur Max, sondern mehrere Spieler*innen spielen Fehlpässe. Das passiert häufiger. Allerdings immer nur auf Wettkämpfen und nie im Training. Es scheint an der spezifischen Situation (Turniersituation) zu liegen, dass Max Fehlpässe spielt. Möglicherweise empfinden die Spieler*innen in Wettkämpfen starke Aufregung und wissen nicht, wie sie damit umgehen können (siehe Abb. 2.1 „Zuschreibung der Ursache auf die Situation/Aufgabe").

2.2.2 Rückmeldungen von anderen Personen

Neben Informationen zum Ereignis können auch Rückmeldungen bedeutsamer Personen (etwa von Trainer*innen) zur Bildung von Ursachenzuschreibungen beitragen. Leistungsrückmeldungen können sich in vielen Aspekten voneinander unterscheiden, unter anderem können sie sich auf Anstrengungen oder Fähigkeiten einer Person beziehen. Anstrengungsbezogenes Feedback basiert auf den Anstrengungen, die eine Person unternommen hat. Beispiele anstrengungs-

| Zuschreibung der Ursache auf die handelnde Person | Zuschreibung der Ursache auf den Zeitpunkt | Zuschreibung der Ursache auf die Situation/Aufgabe |

☐ **Abb. 2.1** Notwendige Kombinationen der Variationen über Personen, die Zeit und Situationen für eine Zuschreibung der Ursache auf die Person, den Zeitpunkt oder die Situation/Aufgabe

2

bezogenen Feedbacks sind: *„Du hast wirklich hart für diesen Wettkampf trainiert!"* oder *„Ich habe den Eindruck, dass du dich in diesem Training hast hängen lassen."* Fähigkeitsbezogenes Feedback bezieht sich auf die vermeintlich hohen oder niedrigen Fähigkeiten einer Person. Beispiele sind: *„Du bist wie gemacht für diesen Sport."* oder *„Diese Disziplin liegt dir einfach nicht!"*

Je nach Art der Rückmeldung werden unterschiedliche Ursachenzuschreibungen beim Empfänger nahegelegt und können in der Folge unter anderem Auswirkungen auf die zukünftige Motivation haben. Diese Auswirkungen werden in den folgenden Kapiteln genauer betrachtet. Im Hinblick auf die Rückmeldung zu einer Leistung sollte beachtet werden, dass anstrengungsbezogenes Feedback vor allem bei Aufgaben sinnvoll ist, die durch Anstrengung auch wirklich beeinflusst werden können (Mueller und Dweck 1998; Baumeister et al. 1990). Im Kontext des Leistungssports tragen zum Erfolg bei solchen Aufgaben vor allem Konzentration, Ausdauer und Engagement bei.

2.3 Welche Eigenschaften haben Ursachenzuschreibungen?

Ein weit verbreitetes Modell zur Motivation im Leistungskontext ist die Ursachenzuschreibungstheorie der Motivation und Emotion von Bernard Weiner aus dem Jahr 1985. Weiner nimmt an, dass Menschen im Leistungskontext, also zum Beispiel im Sport, vor allem dann Ursachenzuschreibungen betreiben, wenn ein angestrebtes Ziel nicht erreicht wurde.

Menschen ziehen zur Erklärung von Handlungsergebnissen im Leistungskontext laut Weiner vor allen Dingen prototypische Ursachen wie „Begabung", „Anstrengung", „individuelle Strategien", „Schwierigkeit der Aufgabe" und „Zufall" heran. Viel wichtiger als die konkreten Ursachenzuschreibungen selbst sind allerdings die Eigenschaften, die diese Ursachen haben. Weiner nennt diese Eigenschaften *Dimensionen*. Es gibt vier bedeutsame Dimensionen von Ursachenzuschreibungen: Lokation, Stabilität, Kontrollierbarkeit und Globalität.

Lokation beschreibt, ob die Ursachen innerhalb oder außerhalb der Person liegen. Stabilität beschreibt, ob die Ursachen kurzfristig (zeitlich variabel) oder langfristig (zeitlich stabil) wirken. Kontrollierbarkeit beschreibt, ob die Ursachen beeinflussbar (kontrollierbar) sind oder nicht (unkontrollierbar). Hierbei ist irrelevant, ob die Ursachen durch die Person selbst oder durch andere Personen beeinflussbar sind. Globalität beschreibt, ob die Ursachen nur in bestimmten Situationen wirken (spezifisch) oder ob sie auch für andere, vielleicht nur entfernt verwandte Situationen gelten (global). Jede dieser Dimensionen wird im weiteren Verlauf dieses Bandes durch ein Symbol gekennzeichnet, welches für die Motivationsförderung eine wertvolle Erinnerungsstütze sein kann. Die Symbole sind in Abb. 2.2 abgebildet. Betrachten wir zur besseren Illustration das Beispiel von Lisa, die es nicht geschafft hat, ihre vorab als Ziel festgelegte Zeit im 100 m Sprint zu erreichen. Die Dimensionen, auf denen sich die Ursachen von Lisas Misserfolg nun einordnen lassen, sind folgende:

Lokation	Stabilität	Kontrollierbarkeit	Globalität

◼ Abb. 2.2 Symbole zur Illustration der Bedeutung der einzelnen Dimensionen von Ursachen-zuschreibungen nach Weiner

- **Lokation** – Die Ursache des Misserfolgs kann entweder innerhalb oder außerhalb der Person liegen. Eine Ursache innerhalb von Lisa könnte sein, dass sie kurz vor dem Wettkampf krank wurde und mit einer Erkältung zum Wettkampf gegangen ist. Eine typische Ursache außerhalb der Person wäre, dass extreme Wetterbedingungen, wie sehr starke Hitze, vorlagen.
- **Stabilität** – Die Ursache kann entweder zeitlich variabel oder stabil sein. Eine zeitlich variable Ursache wäre, dass sie an diesem Tag schlechte Laune hatte. Eine zeitlich stabile Ursache könnte bei Lisa sein, dass sie immer wieder Angst vor Wettkämpfen hat.
- **Kontrollierbarkeit** – Die Ursache kann entweder durch die handelnde Person selbst oder durch andere Personen kontrollierbar oder unkontrollierbar sein. Eine kontrollierbare Ursache für Lisa wäre, dass sie zu wenig trainiert hat. Eine unkontrollierbare Ursache wäre eine Verletzung, die sie sich in Folge eines Sportunfalls zugezogen hätte.
- **Globalität** – Die Ursache kann entweder spezifisch oder global sein. Eine spezifische Ursache läge vor, wenn sie nur auf diesem einen spezifischen Wettkampf eine schlechtere Leistung als im Training erbracht hätte. Eine globale Ursache für Lisas Misserfolg könnte sein, dass sie generell auf Wettkämpfen eine schlechtere Leistung erbringt als während des Trainings.

Jede Ursachenzuschreibung kann auf diesen vier Dimensionen nach Weiner eingeordnet werden. Im Folgenden sollen einige mögliche Kombinationen der Dimensionen mit Beispielen aus dem Sport verdeutlicht werden.

- Lisa schafft es nicht, ihre vorgenommene Zielzeit im 100 m Sprint zu laufen. Sie sieht als Ursache dafür an, dass sie einfach nicht talentiert genug ist. Diese Ursachenzuschreibung entspricht am ehestem dem, was Weiner mit *Begabung* bezeichnet. Wir betrachten Begabung typischerweise als einen Faktor innerhalb einer Person, der von längerer zeitlicher Dauer (zeitlich stabil) und nicht gut beeinflussbar ist (unkontrollierbar) und der in einer Reihe von Anforderungssituationen wirkt (global).
- Alternativ könnte Lisa ihren Misserfolg auch darauf zurückführen, zu wenig Zeit und Mühe ins Training investiert zu haben. Diese Ursachenzuschreibung entspricht am ehestem dem, was Weiner mit *Anstrengung* bezeichnet. Wir betrachten Anstrengung typischerweise als innerhalb der Person, zeitlich variabel, kontrollierbar und spezifisch.

2

- Eine dritte mögliche Ursache wäre auch die Schwierigkeit der Aufgabe: Die angestrebte Zielzeit war möglicherweise zu kurz und schwer zu erreichen. Zudem herrschte beim Wettkampf etwas Gegenwind. Solche Merkmale der *Schwierigkeit der Aufgabe*, sind außerhalb der Person, zeitlich stabil, nicht von Lisa selbst kontrollierbar (womöglich aber durch andere) und spezifisch.
- Lisa könnte auch den Zufall als Ursache betrachten. Aufgrund eines Staus bei der Anfahrt zum Wettkampf hatte Lisa nicht ausreichend Zeit, sich warm zu machen. Der *Zufall* liegt somit außerhalb ihrer Person, ist zeitlich variabel, nicht kontrollierbar und spezifisch.

2.4 Welche Konsequenzen haben Ursachenzuschreibungen?

Nach Weiner und seiner Ursachenzuschreibungstheorie der Motivation und Emotion beeinflussen Ursachenzuschreibungen die individuelle Erfolgserwartung für zukünftige Ereignisse sowie die Gefühlslage von Personen. Hierbei sind vor allem die Dimensionen der Ursachenzuschreibungen (siehe Abschn. 2.3) bedeutsam. Das Zusammenspiel der Dimensionsausprägungen mit den Konsequenzen wird in Tab. 2.2 anhand des vorherigen Beispiels von Lisa illustriert. Als besonders günstig werden Ursachenzuschreibungen nach einem Misserfolg angesehen, die innerhalb der Person liegen (Lokation), die zeitlich variabel (Stabilität), kontrollierbar (Kontrollierbarkeit) oder spezifisch sind (Globalität).

Zudem werden Erfolgserwartung und Gefühlslage auch zukünftiges Verhalten beeinflussen. Sieht eine Person als Ursache für ihren Misserfolg zeitlich variable Faktoren (beispielsweise mangelnde Vorbereitung) an, wird ihre Erfolgserwartung weniger beeinträchtigt und sie wird versuchen, bei zukünftigen Aufgaben durch eine bessere Vorbereitung bessere Leistungen zu erzielen. Wird der Misserfolg dagegen auf eine zeitlich stabile Ursache zurückgeführt (zum Beispiel mangelndes Talent), kann dies durch die verringerte Erfolgserwartung zu weniger Ausdauer und zur Vermeidung leistungsbezogener Handlungen führen. Somit ist es nach dem Misserfolg für Lisa motivationsförderlich für zukünftige Leistungen, wenn sie nicht ihre eigene vermeintlich geringe Begabung als (alleinige) Ursache wahrnimmt, sondern beispielsweise auch eine möglicherweise nicht ausreichende Vorbereitung auf den Wettkampf. Auch die durch Ursachenzuschreibungen entstandene Gefühlslage kann sich auf zukünftiges Verhalten auswirken – so könnte etwa empfundene Verantwortung und Schuld nach einem Misserfolg motivieren, zukünftig für einen erfolgreicheren Verlauf einzutreten (Haynes et al. 2009).

2.5 Zusammenfassung

- **Was sind Ursachenzuschreibungen?**
  Ursachenzuschreibungen sind gedankliche Überzeugungen, die Menschen über Ursachen von Handlungen, Verhaltensweisen oder Ereignissen (z. B. eigene Erfolge und Misserfolge) bilden. Nachdem eine Ursache identifiziert

■ Tab. 2.2 Auswirkungen der wahrgenommenen Ursachendimensionen auf die Erfolgserwartung und Gefühlslage

Dimension	Beeinflusster Aspekt	Beispiel Lisa
Lokation	*Gefühlslage* Wird nach einem Misserfolg die Ursache innerhalb der Person gesehen, werden Stolz und Selbstwert eher angegriffen, als wenn die Ursache außerhalb der Person wahrgenommen wird.	Lisa nimmt nach einer kritischen Bemerkung ihres Trainers an, dass der Misserfolg beim Wettkampf davon kam, dass sie nicht hart genug trainiert hat. Dies beeinträchtigt ihren Selbstwert, da sie sehr viel Zeit in das Training investiert hat. Sieht Lisa dagegen die Art und Weise, wie der Trainer das Training strukturiert hat, als Ursache für den Misserfolg, wird ihr Stolz weniger beeinträchtigt. Es sind nicht ihre Fähigkeiten, die zu schlecht waren.
Stabilität	*Erfolgserwartung* Bei einer zeitlich stabilen Ursache für einen Misserfolg leidet die Erwartung, zukünftig Erfolg zu haben, mehr als bei einer zeitlich variablen Ursache.	Lisa hat einfach Angst vor Wettkämpfen. Nimmt sie diese Angst als stabil wahr, dann ist ihre Erwartung, beim nächsten Wettkampf besser abzuschneiden, nicht sehr hoch. Glaubt Lisa dagegen, dass der Misserfolg beim Wettkampf dadurch kam, dass sie erkältet war, hat sie die Erwartung, dass der nächste Wettkampf besser wird. In vier Wochen ist die Erkältung längst überstanden und sie kann sich wieder richtig auf das Training fokussieren.

(Fortsetzung)

2

■ Tab. 2.2   (Fortsetzung)

Dimension	Beeinflusster Aspekt	Beispiel Lisa
 **Kontrollierbarkeit**	*Gefühlslage & Erfolgserwartung* Wird nach einem Misserfolg die Ursache als kontrollierbar wahrgenommen, resultieren daraus wahrscheinlicher Gefühle wie Scham und Schuld. Die Erwartung, zukünftig Erfolg zu haben, ist aber dennoch hoch, da die Ursache als kontrollierbar wahrgenommen wird. Wenn die Ursache nicht durch einen selbst (eventuell aber durch andere) kontrollierbar erscheint, resultieren eher Gefühle des Ärgers. Die Erfolgserwartung für die Zukunft ist gering.	Lisa sieht eine mangelnde Anstrengung im Vorfeld des Wettkampfes als Ursache für den Misserfolg. Sie fühlt sich schuldig, sie hätte mehr trainieren sollen. Gleichzeitig sieht sie jedoch ein Veränderungspotenzial und ist ermuntert, dass der nächste Wettkampf mit einer optimaleren Vorbereitung besser laufen wird. Wenn Lisa jedoch nicht ihre Anstrengung als Ursache sieht, sondern die Anstrengung ihres Trainers, dann fühlt sie sich nicht verantwortlich für den Misserfolg und ist eher sauer auf ihren Trainer. Sie hat nicht das Gefühl, selbst Schuld zu haben. Da ihr Trainer schlecht mit sich reden lässt, hat sie keine große Erwartung daran, dass der nächste Wettkampf besser wird.
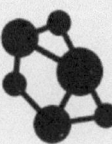 **Globalität**	*Übertragbarkeit* Wird nach einem Misserfolg die Ursache als global wahrgenommen, dann werden sich die Verhaltenskonsequenzen (etwa hinsichtlich Erfolgserwartung und Stimmungslage) auch auf andere, nur entfernt verwandte Situationen übertragen. Wird der Grund in spezifischen Ursachen gesehen, dann bleiben die Wirkungen auf diese Situation beschränkt.	Hat Lisa das Gefühl, dass sie mit Drucksituationen einfach nicht gut umgehen kann, dann wird sich die dadurch entstehende, niedrigere Erfolgserwartung und das Gefühl der Scham aufgrund dieser mentalen Schwäche auch auf andere Anforderungssituationen übertragen. Sieht Lisa dagegen den Misserfolg in einer spezifischen Ursache begründet (etwa im Wetter am Wettkampftag), dann gibt es keinen Grund, auch bei anderen Anforderungssituationen Misserfolg zu erwarten. Negative Gefühle beschränken sich allein auf die Situation bei diesem Misserfolg (z. B. der Ärger am Wettkampftag über die schlechten Wetterbedingungen).

wurde, geht es im nächsten Schritt darum, wem oder was die Ursache zugeschrieben wird und welche Eigenschaften diese Ursache hat.

– Wem oder was die Ursache zugeschrieben werden kann: Person, Zeit, Situation/Aufgabe
– Welche Eigenschaften die Ursache hat: Lokation (innerhalb vs. außerhalb der Person liegend), Stabilität (zeitlich variabel vs. zeitlich stabil), Kontrollierbarkeit (kontrollierbar vs. unkontrollierbar), Globalität (spezifisch vs. global)

━ **Woher kommen Ursachenzuschreibungen?**
Sie können einerseits auf der Basis von Informationen über die Veränderbarkeit des Ereignisses gebildet werden, die sich auf Personen, die Zeit und Situationen beziehen. Je nach Kombination der Informationen werden Ereignissen entsprechende Ursachen zugeschrieben. Andererseits können auch Rückmeldungen von anderen Personen zur Bildung von Ursachenzuschreibungen herangezogen werden.

━ **Welche Eigenschaften haben Ursachenzuschreibungen?**
Die Eigenschaften von Ursachenzuschreibungen lassen sich auf vier unterschiedlichen Dimensionen einordnen. Diese sind Lokation, Stabilität, Kontrollierbarkeit und Globalität.

━ **Welche Konsequenzen haben Ursachenzuschreibungen?**
Je nach Ausprägung der Ursachenzuschreibung auf den vier Dimensionen können Gefühlslagen, Erfolgserwartungen für zukünftige Ereignisse sowie deren Übertragbarkeit auf andere, verwandte Situationen beeinflusst werden. Dies wirkt sich sowohl auf die Motivation als auch auf zukünftiges Verhalten aus.

Literatur

Baumeister, R. F., Hutton, D. G., & Cairns, K. J. (1990). Negative effects of praise on skilled performance. *Basic and Applied Social Psychology, 11*(2), 131–148. https://doi.org/10.1207/s15324834basp1102_2.

Haynes, T. L., Perry, R. P., Stupnisky, R. H., & Daniels, L. M. (2009). A review of attributional retraining treatments: Fostering engagement and persistence in vulnerable college students. In J. S. Smart (Hrsg.), *Higher education: Handbook of theory and research* (Bd. 24, S. 227–272). Dordrecht: Springer.

Heider, F. (1958). *Psychological theory of attribution: The psychology of interpersonal relation.* New York: Wiley.

Kelley, H. H. (1973). The processes of causal attribution. *American Psychologist, 28*(2), 107–128. https://doi.org/10.1037/h0034225.

Mueller, C. M., & Dweck, C. S. (1998). Praise for intelligence can undermine children's motivation and performance. *Journal of Personality and Social Psychology, 75*(1), 33–52. https://doi.org/10.1037/0022-3514.75.1.33.

Stiensmeier-Pelster, J., & Heckhausen, H. (2018). Kausalattribution von Verhalten und Leistung. In J. Heckhausen & H. Heckhausen (Hrsg.), *Motivation und Handeln* (5. Aufl., S. 451–492). Berlin/Heidelberg: Springer.

Weiner, B. (1985). An attributional theory of achievement motivation and emotion. *Psychological Review, 92*(4), 548–573. https://doi.org/10.1037/0033-295X.92.4.548.

Gedanken verändern: Maßnahmen zur Veränderung von Ursachenzuschreibungen

Inhaltsverzeichnis

© Springer Fachmedien Wiesbaden GmbH, ein Teil von Springer Nature 2021
V. Gottschall et al., *Sportler*innen motivieren*,
https://doi.org/10.1007/978-3-658-32518-3_3

3

Wie wir in den vorherigen Kapiteln gesehen haben, wirken sich die Ursachen-zuschreibungen über Motivationsprozesse auf das Verhalten von Personen aus. Daher sind Ursachenzuschreibungen auch ein wichtiger Ansatzpunkt, um die Motivation von Sportler*innen zu fördern. Die Veränderung von Ursachen-zuschreibungen hilft Personen dabei, ihr zukünftiges Verhalten anzupassen und beispielsweise trotz Misserfolgen erneut Motivation aufzubringen oder auch eigene erzielte Erfolge motivationsförderlich zu verarbeiten. Im folgenden Kapitel wird auf Maßnahmen zur Veränderung von Ursachenzuschreibungen eingegangen und unterschiedliche Techniken werden anhand von Beispielen veranschaulicht. Auch wenn diese Maßnahmen sich nicht immer in vollem Umfang und in Reinform im typischen Trainingsalltag realisieren lassen, ergeben sich aus der Darstellung dieser Maßnahmen viele Ansatzpunkte im Sinne einzelner Techniken, die im Trainings-alltag eingesetzt werden können. Im Verlauf des Kapitels werden somit folgende Leitfragen beantwortet:

- Was sind Maßnahmen zur Veränderung von Ursachenzuschreibungen?
- Welche Ziele verfolgen solche Maßnahmen?
- Wie gehe ich vor, wenn ich Ursachenzuschreibungen verändern möchte?
- Welche Techniken kann ich anwenden, um Ursachenzuschreibungen zu ver-ändern?

▶ Beispiel: Misserfolg im Tennis

Anna spielt gerade ein wichtiges Tennisturnier. Es steht in den Sätzen 1:0 für ihre Geg-nerin. Im aktuellen Satz führt Annas Gegnerin mit 5:4. Aufschlagspiel: Ihre Konkurren-tin hat 40 Punkte, sie 15. Anna hat beim ersten Aufschlag einen Aufschlagfehler gemacht und steht nun vor ihrem zweiten Versuch. Die Anspannung ist sehr groß. Wenn sie jetzt erneut einen Fehler macht, gewinnt ihre Konkurrentin das Spiel. Unwillkürlich muss sie an das letzte Spiel vor zwei Wochen denken, bei dem sie zwei aufeinander folgende Auf-schlagfehler hatte. Ihr gehen verschiedene Gedanken durch den Kopf: „Das darf mir jetzt nicht wieder passieren" – „Ich glaube, ich kann das nicht" – „Der Ball liegt quasi schon auf dem Boden". Anna wirft den Ball in die Luft, setzt zum Schlag an und ver-fehlt. „Ich bin mental einfach zu schwach", ist Annas enttäuschtes Fazit nach dem Spiel.

3.1 Was sind Maßnahmen zur Veränderung von Ursachenzuschreibungen?

Auch wenn Gedanken oft unbewusst entstehen, ist es möglich, sie bewusst zu ver-ändern. Sie lassen sich willentlich steuern und trainieren. Zur Veränderung von Ursachenzuschreibungen – also der gedanklichen Überzeugung über Ursachen von Ereignissen (z. B. eigene oder fremde Leistungen) – werden bestimmte Maßnahmen eingesetzt. Die Maßnahmen zur Veränderung von Ursachenzuschreibungen sind psychologische Techniken, welche die aktuell vorliegenden (ungünstigen und ggf. unrealistischen) Ursachenzuschreibungen in günstiger Art und Weise verändern. Dadurch werden das Erleben und Verhalten der betreffenden Person beeinflusst. In der Folge können Motivation und Leistung gesteigert werden (Haynes et al. 2009).

In unserem Beispiel der Tennisspielerin Anna führt sie das Verfehlen des Balles beim Aufschlag auf ihre vermeintliche mentale Schwäche zurück. Da es sich bei mentaler Schwäche um eine eher stabile, innerhalb der Person liegende Eigenschaft handelt, fühlt sich Anna schlecht und hat den Eindruck, nichts an der Situation ändern zu können. Ihre Einstellung gegenüber zukünftigen Spielen ist pessimistisch, der Fehler kann ihr jederzeit wieder passieren, und sie kann nichts dagegen tun. Ihre aktuelle Ursachenzuschreibung ist somit ungünstig.

> **Maßnahmen zur Veränderung von Ursachenzuschreibungen** sind psychologische Techniken, die aktuell vorliegende (ungünstige und ggf. unrealistische) Ursachenzuschreibungen in günstiger Art und Weise verändern.

3.2 Was soll erreicht werden? – Ziele

Das Ziel einer Maßnahme zur Veränderung von Ursachenzuschreibungen ist, dass sich Personen Ergebnisse bestimmter Ereignisse (z. B. Erfolg oder Misserfolg) durch angemessenere, motivational günstigere Ursachen erklären. Dies hat positive Effekte darauf, wie sich die Personen fühlen, was sie denken und wie sie sich verhalten. In dem oben genannten Beispiel ist die von Anna gefundene Ursache des Misserfolgs mental vermeintlich zu schwach zu sein. Wie aber wäre es, wenn Anna eine andere Ursache für den gescheiterten Aufschlag finden würde? Möglicherweise ist Annas bisherige Aufschlagtechnik nicht optimal. Anstelle des technisch schwierigen Kick-Aufschlags, den sie noch nicht ausreichend trainiert hat, sollte sie sich vielleicht eher auf einen anderen Aufschlag wie den geraden Aufschlag fokussieren. Eine weitere denkbare Ursache ist, dass sich die Trainingsbedingungen stark von den Turnierbedingungen unterscheiden: Während Anna im Training sehr automatisiert und unbedacht die Aufschläge ausführt, nimmt sie sich im Turnier sehr viel Zeit dafür und fokussiert sich stark auf sich selbst und die korrekten Bewegungsabläufe.

Das Beispiel illustriert, dass es nach einem Misserfolg viele denkbare Ursachenzuschreibungen geben kann. Einige davon sind gleichermaßen plausibel, jedoch sind manche dieser Ursachenzuschreibungen förderlicher für die Motivation als andere. Besonders förderliche und günstige Ursachenzuschreibungen sind solche, bei denen etwas als Ursache vermutet wird, das innerhalb der Person liegt (Lokation), das kontrollierbar ist (Kontrollierbarkeit), das zeitlich variabel ist (Stabilität) oder das spezifisch ist (Globalität). Im Beispiel „Misserfolg im Tennis" wären solche günstigen Faktoren die Art der Aufschlagtechnik oder die exakte Vorbereitung auf die mentale Anforderungssituation im Turnier. Denn dies sind von Anna selbst kontrollierbare Faktoren, die durch Anna verändert und spezifisch auf ihre Situation angepasst werden können.

3

◼ Tab. 3.1 Günstige/Ungünstige Ursachenzuschreibungen und deren Folgen

	Beispielhafte Ausgangssituation – Misserfolgserlebnis: Anna verliert nach zwei aufeinanderfolgenden Aufschlagfehlern das Tennisturnier.	
	günstige Ursachenzuschreibungen	ungünstige Ursachenzuschreibungen
Beispiele für Ursachenzuschreibungen	„Ich habe die Aufschläge im Training nicht ausreichend trainiert." „Meine aktuelle Aufschlagtechnik ist nicht optimal." „Ich habe mir im Training beim Aufschlagüben nie die Turniersituation und den Druck dazu vorgestellt."	„Ich kann das einfach nicht." „Ich bin zu schlecht dafür." „Ich kann mit dem Druck bei Leistungssituationen einfach nicht umgehen."
Eigenschaften der Ursachenzuschreibungen	innerhalb der Person, zeitlich variabel, kontrollierbar oder spezifisch „Ich habe es selbst in der Hand, mich zu verbessern."	außerhalb der Person, zeitlich stabil, nicht kontrollierbar oder global „Ich kann nichts daran ändern, dass ich schlecht bin."
Gefühle	ermutigt, optimistisch, (ziel-)fokussiert, bestärkt	entmutigt, pessimistisch, niedergeschlagen, hilflos
Motivation	Motivation steigt	Motivation sinkt
Zukünftiges Training	Motivierte Trainingseinstellung, Lust am Training und verbesserte Leistung: verstärktes Aufschlagtraining, Veränderung der Aufschlagtechnik, mentales Hineinversetzen in Turniersituation.	Bedrückte Stimmung und unsicheres Gefühl im Training. Keine Veränderung des Trainingsablaufs und ggf. Verschlechterung der Leistung.

Entsprechend ist es ein Ziel von Maßnahmen zur Veränderung von Ursachenzuschreibungen, dass Personen erkennen, dass sie Misserfolgen nicht „hilflos ausgeliefert" sind, sondern dass sie und ihre Trainer*innen selbst aktiv etwas für die Erreichung besserer Leistungen in der Zukunft tun können. Durch solch veränderte Ursachenzuschreibungen erhalten die Sportler*innen neue Motivation, sie haben positivere Gedanken, erleben Erfolge und Misserfolge als kontrollierbar und fühlen sich besser. Dies kann sich in zukünftigen Trainings- und auch Wettkampfsituationen positiv auswirken. Tab. 3.1 stellt günstigen Ursachenzuschreibungen ungünstigen Ursachenzuschreibungen gegenüber und vergleicht deren Folgen.

Maßnahmen zur Veränderung von Ursachenzuschreibungen können von jeder Person durchgeführt werden, die mit den Techniken zur Veränderung von Ursachenzuschreibungen vertraut ist. Die Techniken können auf die jeweiligen Situationen und Personen angepasst werden. Wenn das Konzept verstanden wurde, ist es nicht nur möglich, dass ein*e Trainer*in seine*ihre Sportler*innen schult, auch die Sportler*innen können selbstständig ihre Ursachenzuschreibungen hinterfragen und verändern.

3.3 Wie wird vorgegangen? – Typische Schritte

Zur Veränderung von Ursachenzuschreibungen wird in der Regel schrittweise vorgegangen. Die insgesamt sechs Schritte werden nachfolgend dargestellt. Sie beschreiben einen idealtypischen Ablauf, der beim realen Einsatz der Techniken im Sport nicht immer in vollem Umfang eins zu eins umgesetzt werden kann. Dies liegt auch daran, dass im Training typischerweise die unmittelbare Verbesserung der sportlichen Fertigkeiten im Mittelpunkt steht. Deshalb werden den Maßnahmen zur Motivationsförderung häufig deutlich weniger Trainingszeit gewidmet. Das Wissen über den Ablauf ist jedoch auch hilfreich, wenn einzelne Schritte nur in Ansätzen realisiert werden und im Rahmen, wie dies zeitlich möglich ist. Die aufgeführten Schritte werden später noch anhand eines Beispiels illustriert.

1. **Aktuelle Ursachenzuschreibungen erkunden:** Maßnahmen zur Veränderung von Ursachenzuschreibungen können bei bestimmten Sportler*innen besonders große Effekte erzielen. Das ist vor allen Dingen dann der Fall, wenn die aktuelle Art und Weise der Ursachenzuschreibung ungünstig ist, z. B. wenn die Ursachen bei eigenen Misserfolgen als nicht selbst beeinflussbar angesehen werden und auch bei Erfolgen nicht klar der eigene Anteil erkannt wird. Zunächst sollten also die aktuellen Ursachenzuschreibungen der Person erkundet werden: Wenn die Person einen Misserfolg erlebt, auf welche Ursachen führt sie diesen zurück? Sind ihre aktuellen Ursachenzuschreibungen günstig und motivationsfördernd? Hat sie das Gefühl, die Kontrolle über die Situation zu haben? Anhand dessen lässt sich ableiten, bei welchen Personen die Durchführung einer Maßnahme zur Veränderung von Ursachenzuschreibungen besonders sinnvoll ist.

2. **Festlegung des Ziels:** Im zweiten Schritt wird nun überlegt, was das Ziel bzw. die Aufgabe der Person ist. Hierbei ist es wichtig, dass das Ziel sehr konkret und auf die betreffende Person ausgerichtet ist. Folgende Fragen können bei der Zielsetzung zusätzlich hilfreich sein: Was soll erreicht werden? Wie soll das Ziel erreicht werden? Bis wann soll das Ziel erreicht werden?

3. **Überprüfung des Ziels:** Nachdem das Ziel festgelegt wurde, sollte überprüft werden, ob dieses auch für die betroffene Person erreichbar ist. Zu hoch gesteckte oder unrealistische Ziele können auch mit Hilfe der Maßnahmen zur Veränderung von Ursachenzuschreibungen kaum erreicht werden. Wenn vermutet wird, dass ein*e Sportler*in häufige Niederlagen aufgrund einer falschen Technik erlebt, könnte das Ziel sein, dass eine neue Technik angewendet werden soll. Es ist dann sicherzustellen, dass er*sie die Vorkenntnisse zum Erlernen dieser besitzt, damit die Erreichung des Ziels realistisch ist.

4. **Auswahl der Techniken und Materialien:** Im nächsten Schritt sollte festgelegt werden, welche Techniken und Materialien für die Maßnahme benutzt werden sollen. Dazu ist es hilfreich herauszufinden, auf welche Ursachen die Person einen Misserfolg zurückführt. In Abschn. 3.4 werden mögliche Techniken und die dazugehörigen Materialien zur Veränderung von Ursachenzuschreibungen erläutert.

5. **Anwendung der Maßnahme zur Veränderung der Ursachenzuschreibungen:** Der fünfte Schritt stellt die tatsächliche Änderung der typischen Muster der Ursachenzuschreibungen dar. Mithilfe der ausgewählten Techniken und der dazugehörigen Materialien werden ungünstige Ursachenzuschreibungen zu günstigen verändert.

6. **Überprüfung des Erfolgs:** Zum Abschluss empfiehlt es sich, den Erfolg der Maßnahme zu überprüfen. Haben sich die Ursachenzuschreibungen in wünschenswerter Weise verändert? Wie geht die Person damit um, wenn sie einen erneuten Rückschlag erlebt? Kann die Person die erlernten Techniken bereits anwenden? Sollten Übungen wiederholt und gefestigt werden? Ist bereits feststellbar, dass sich die veränderten Ursachenzuschreibungen auch in verändertem Verhalten äußern?

■ **Beispiel: Befolgung der Schritte**

Anhand des Beispiels von Anna, die auf einem Tennisturnier zwei Mal nacheinander einen Aufschlagfehler machte und somit das Spiel verloren hat (siehe „Beispiel: Misserfolg im Tennis"), gehen wir die Schritte der Maßnahme zur Veränderung von Ursachenzuschreibungen durch.

1. **Aktuelle Ursachenzuschreibung erkunden:** Der Trainer weiß, dass Anna nach dem verpatzten Turnier vor zwei Wochen sehr niedergeschlagen war. Auf dem heutigen Turnier ist es erneut passiert. Er sucht das Gespräch mit ihr und fragt sie, woran der doppelte Aufschlagfehler gelegen hat. Welche Ursachen sieht sie dafür? Anna sagt, dass sie wohl einfach nicht mit dem Druck eines großen Turniers umgehen könne. An dieser Aussage erkennt der Trainer, dass Anna den Misserfolg ungünstig zuschreibt: Sie führt den Misserfolg auf mangelnde mentale Stärke zurück, die sie nicht kontrollieren kann. Die Durchführung einer Maßnahme zur Veränderung von Ursachenzuschreibungen ist bei Anna somit sehr sinnvoll.

2. **Festlegung des Ziels:** Der Trainer hält mit Anna zusammen als Ziel fest, dass sie erkennt, dass die Ursachen für Aufschlagfehler im Turnier zum Teil ihrer eigenen Kontrolle unterliegen. Sie soll erkennen, dass sie die Ursachen gezielt so beeinflussen kann, dass sie beim nächsten Turnier keinen Aufschlagfehler macht.

3. **Überprüfung des Ziels:** Der Trainer weiß, dass Anna schon an vielen Turnieren teilgenommen hat, bei denen sie keine Aufschlagfehler hatte. Es ist also realistisch anzunehmen, dass sie die Ursachen für die Aufschlagfehler selbst kontrollieren kann.

4. **Auswahl der Techniken und Materialien:** Der Trainer wählt zwei Techniken aus, die am besten zu Anna und der aktuellen Trainingssituation passen. Zunächst soll Anna über die Rolle von Ursachenzuschreibungen informiert werden und dann gezielt nach Informationen suchen, die ihr helfen realistischere Ursachenzuschreibungen vorzunehmen. Eine genauere Beschreibung dieser beiden Techniken folgt im Abschn. 3.4.

5. **Anwendung der Maßnahmen zur Veränderung von Ursachenzuschreibungen:** Der Trainer führt die Maßnahme zur Veränderung von Ursachenzuschreibungen anhand der vorgegebenen Materialien durch.

6. **Überprüfung des Erfolgs**: Im nächsten Turnier macht Anna keinen Aufschlagfehler. Leider kommt es im übernächsten Turnier zu einem erneuten Rückschlag. Der Trainer beobachtet Anna und stellt fest, dass sie zwar niedergeschlagen ist, aber zuversichtlicher wirkt als das letzte Mal. Als sie über mögliche Ursachen für den Misserfolg sprechen, merkt er, dass Anna günstige Ursachenzuschreibungen wählt: „Ich muss gerade den Umgang mit dem Druck in einer Turniersituation in meinem Training noch intensiver üben, das habe ich in der letzten Woche wieder stark vernachlässigt." Sie sieht, dass die Ursache für den Aufschlagfehler zum Teil ihrer eigenen Kontrolle unterliegt. Die Maßnahme zur Veränderung von Ursachenzuschreibungen war erfolgreich und die Grundlage für ein effizienteres, zukünftiges weiteres sportliches Training ist gelegt.

3.4 Was wird gemacht? – Typische Techniken

Maßnahmen zur Veränderung von Ursachenzuschreibungen können in vier Klassen von Techniken eingeteilt werden: Psychoedukation, Kommentierungstechnik, Modellierungstechnik und die Nutzung von Beobachtungsinformation.

▬ **Über Ursachenzuschreibungen informieren: Psychoedukation**
Bei der Psychoedukation werden Informationen über Ursachenzuschreibungen und der Möglichkeit zur Veränderung dieser gegeben. Die zu trainierende Person wird darüber informiert, was Ursachenzuschreibungen sind, wie sich diese auswirken und warum es sinnvoll sein kann, sie gezielt zu verändern. Der*Die Trainer*in kann seine*ihre Sportler*innen zum Beispiel darüber aufklären, welche Unterschiede es macht, ob man Misserfolge auf nicht selbst kontrollierbare und stabile (z. B. Hallenbedingungen) oder auf selbst kontrollierbare und variable Ursachen (z. B. Art der Vorbereitung im Training) zurückführt. Die Sportler*innen entwickeln so ein Verständnis über die Art von Ursachenzuschreibungen und ihre Auswirkungen. Sie können eigene Ursachenzuschreibungen genauer beobachten und erkennen, was günstige von ungünstigen Ursachenzuschreibungen unterscheidet. Materialien zur Durchführung der Psychoedukation finden sich in Kap. 5.

Beispiel: Der Tennistrainer erklärt Anna, dass Gedanken eine wichtige Rolle bei der Verarbeitung von Misserfolgen spielen. Er erläutert ihr die Unterschiede zwischen inneren und äußeren, stabilen und variablen, kontrollierbaren und unkontrollierbaren, und globalen und spezifischen Ursachenzuschreibungen. Er erklärt ihr, wie sich unterschiedliche Arten von Ursachenzuschreibungen günstig oder ungünstig im späteren Training oder im Wettkampf auswirken können.

▬ **Erwünschte Ursachenzuschreibungen äußern: Kommentierungstechnik**
Bei dieser Technik werden Leistungen von Sportler*innen im Sinne erwünschter Ursachenzuschreibungen kommentiert (z. B. Orbach et al. 1997). Ein Misserfolg kann zum Beispiel mit Kommentaren wie „Das ist dir nur heute passiert" oder „Auf das nächste Turnier kannst du dich besser vorbereiten" kommentiert werden. Diese Kommentare können von verschiedenen Quellen stammen, z. B.

von Trainer*innen oder von anderen Sportler*innen. Materialien zur Durchführung der Kommentierungstechnik finden sich in Kap. 6.

Beispiel: Anna macht beim Turnier mehrere Aufschlagfehler. Ihr Trainer gibt ihr anschließend die Rückmeldung, dass sie in der Vergangenheit schon viele Turniere hatte, bei denen sie exzellente Aufschläge ausgeführt hat. Er gibt ihr zu verstehen, dass dies nur ein Ausrutscher war und dass sie sich zusammen als Team auf das nächste Turnier gezielter vorbereiten können. Er bestärkt sie, dass sie ihre Trainingsstrategien anpassen und somit die Leistung selbst beeinflussen kann.

— **Ein gutes Beispiel sein: Modellierungstechnik**
Die Modellierungstechnik basiert auf Erkenntnissen des Forschers Bandura (1977). Bei dieser Technik stellt ein*e Sportler*in oder Trainer*in stellvertretend für alle Sportler*innen ein Modell (Vorbild) dar. Das Modell zeigt auf, welche Ursachenzuschreibungen in einer gewissen Situation günstig wären und wie diese den Selbstwert und/oder die Motivation erhöhen. Die Darstellung des Modells kann in unterschiedlicher Form erfolgen: live, per Video oder in schriftlicher Form. Eine Sportlerin kann zum Beispiel von einer Wettkampfsituation berichten, bei der sie günstige Ursachenzuschreibungen angewendet hat. Oder eine Trainerin kann über einen Sportler berichten, der ebenfalls günstige Ursachenzuschreibungen benutzt. Im Anschluss an die Darbietung des Modells kann dann durch den*die Trainer*in noch einmal herausgestellt werden, warum es sich bei den geschilderten Ursachenzuschreibungen um günstige Ursachenzuschreibungen handelt. Die Modelle können aber auch selbst schildern, welche positiven Effekte die Ursachenzuschreibungen hatten. Materialien zur Durchführung der Modellierungstechnik finden sich in Kap. 7.

Beispiel: Anna sieht ein Interview von einer anderen Spielerin, die erzählt, wie sie auf dem letzten Turnier durch einen Aufschlagfehler das Finale nicht erreichen konnte. Die Spielerin erklärt daraufhin, dass sie wohl den im Wettkampf herrschenden Druck, im Training nicht intensiv genug geübt hat. Die Spielerin nimmt sich vor, diesen in den kommenden Wochen mehr in den Fokus zu rücken, um im nächsten Turnier wieder eine bessere Leistung zeigen zu können. Der Trainer bespricht dieses Video mit Anna und stellt heraus, dass der Schlüssel für Spitzenleistung ein angemessener Umgang mit Misserfolg und das Erkennen von eigenen Verbesserungsmöglichkeiten ist.

— **Realistische Ursachen finden: Beobachtungsinformationen**
Bei dieser Technik der Veränderung von Ursachenzuschreibungen ist das Ziel, dass Sportler*innen angeleitet werden, systematisch Informationen zu suchen, die helfen können, unrealistische Ursachenzuschreibungen zu vermeiden. Die Sportler*innen werden beispielsweise nach einem Misserfolg angehalten, drei Arten von Fragen zu beantworten:

1. Ist der Misserfolg nur bei mir aufgetreten oder auch bei anderen?
   - Wenn Misserfolge auch bei anderen auftreten, dann liegt die Ursache wahrscheinlich in äußeren Umständen.
   - Wenn Misserfolge nur bei mir auftreten, dann liegt die Ursache wahrscheinlich innerhalb meiner Person.

2. Ist der Misserfolg in der Vergangenheit schon öfter aufgetreten?
   – Wenn der Misserfolg in der Vergangenheit selten aufgetreten ist, dann ist die Ursache wahrscheinlich zeitlich variabel.
   – Wenn der Misserfolg in der Vergangenheit schon öfter aufgetreten ist, dann ist es wahrscheinlich, dass die Ursache relativ stabil über die Zeit ist.
3. Ist der Misserfolg nur bei bestimmten Aufgaben aufgetreten oder auch bei anderen, nur entfernt verwandten Anforderungssituationen?
   – Wenn der Misserfolg nur in bestimmten Anforderungssituationen auftritt, dann ist es wahrscheinlich, dass die Ursache spezifisch ist.
   – Wenn der Misserfolg auch in entfernt verwandten Anforderungssituationen auftritt, dann es ist wahrscheinlich, dass die Ursache global ist.

Materialien zur Anleitung der Suche nach realistischen Ursachen auf Grundlage von Beobachtungsinformationen finden sich in Kap. 8.

Beispiel: Anna analysiert ihre Aufschlagfehler des letzten Turniers. Sie sieht, dass nur ihr diese Fehler passiert sind (Ursache liegt in Anna). Auch im vorherigen Turnier hatte sie schon Probleme mit ihren Aufschlägen (Ursache scheint relativ stabil zu sein). Im Training treten diese Probleme allerdings nie auf (Ursache ist situationsspezifisch). Sie schließt daraus, dass es der Druck ist, den sie bei einem Turnier verspürt, der ihr immer wieder Probleme beim Aufschlag bereitet. Sie nimmt sich vor, den Umgang mit Druck im Training gezielt zu üben. Dazu wird sie sich im Aufschlag-Training mental in die Turniersituation hineinversetzen. Ein weiterer Ansatz wäre, gezielte Trainings- oder Hobby-Wettkämpfe zu veranstalten.

Jede dieser Techniken kann in der Praxis sowohl einzeln als auch in Kombination angewendet werden. Hierbei ist es wichtig, auf die individuelle Situation der zu trainierenden Person einzugehen, da nicht für jede Person jede Technik gleich wirksam ist. In den Kap. 5, 6, 7, und 8 wird jeweils dargestellt, unter welchen Bedingungen ein Einsatz der jeweiligen Technik besonders sinnvoll ist und wie die Techniken auch auf die Anforderungen des jeweiligen Falles angepasst werden können.

3.5 Wissenschaftliche Beispiele für Maßnahmen zur Veränderung von Ursachenzuschreibungen

Aufgrund der verschiedenen Techniken und Anwendungskontexte gibt es nicht *die eine* Maßnahme zur Veränderung von Ursachenzuschreibungen. Eine Maßnahme zur Veränderung von Ursachenzuschreibungen wurde im Rahmen einer wissenschaftlich fundierten Studie im Sportkontext von Orbach, Singer und Murphey im Jahr 1997 durchgeführt. Dabei wurden sechzig Basketballspieler*innen im Alter von 17 bis 25 Jahren ausgewählt, die eine sportliche Aufgabe erfüllen mussten. Es ging darum in einer Sporthalle einen Basketball im Slalom um vier Hütchen zu dribbeln und am Ende den Ball in den Korb zu werfen. Dabei gab es ein Zeitlimit, das nicht überschritten werden durfte. Ein Versuch galt als erfolgreich, wenn der

Korb am Ende innerhalb der vorgegebenen Zeit getroffen wurde. Insgesamt hatten die Sportler*innen acht Versuche. Nach dem zweiten Versuch wurde allen Sportler*innen eine negative Rückmeldung gegeben („Du hast die Aufgabe nicht geschafft"), unabhängig von ihrer tatsächlich benötigen Zeit und der erzielten Leistung. Wenn eine Person also am Ende den Korb innerhalb der vorgegebenen Zeit getroffen hatte, wurde ihr trotzdem gesagt, dass sie das Zeitlimit überschritten und deswegen die Aufgabe nicht erfüllt hatte. Danach wurden die sechzig Basketballspieler*innen zufällig in drei Gruppen aufgeteilt:

- Der Gruppe 1 wurde durch die Forscher*innen mündlich kontrollierbare und variable Ursachenzuschreibungen vermittelt: „Jeder kann die Aufgabe erfolgreich absolvieren. Es ist möglich, sich über die Zeit in der Aufgabe zu verbessern. Die Leistung hängt von Faktoren ab, die ihr selbst kontrollieren und verändern könnt. Ihr könntet euch beispielsweise mehr anstrengen oder versuchen, den Ball beim Dribbeln näher am Körper zu halten."
- Der Gruppe 2 wurde durch die Forscher*innen mündlich unkontrollierbare und stabile Ursachenzuschreibungen vermittelt: „Es gibt Personen, die die Aufgabe besser meistern können als andere. Das ist abhängig von genetischen Voraussetzungen. Die Leistung hängt von Faktoren ab, die ihr selbst nicht kontrollieren und verändern könnt."
- Der Gruppe 3 wurden keine Ursachenzuschreibungen vermittelt, sondern die Aufgabe nochmals detaillierter erläutert: „Die Aufgabe setzt sich aus verschiedenen Fähigkeiten zusammen, die ein guter Basketballspieler braucht."

Für die verbleibenden sechs Versuche der sportlichen Aufgabe wurden die Leistung und nachfolgend die Ursachenzuschreibungen erfasst. Es zeigte sich, dass die Sportler*innen aus Gruppe 1, denen kontrollierbare und variable Ursachenzuschreibungen vermittelt wurden, nicht nur andere Ursachenzuschreibungen tätigten, sondern auch höhere Leistungen erzielten als die Sportler*innen aus Gruppe 2, denen unkontrollierbare und stabile Ursachenzuschreibungen vermittelt wurden. Gruppe 1 hatte ihre Ursachenzuschreibungen hin zu günstigeren Erklärungen verändert und konnte ihre Leistung steigern.

In einer zweiten wissenschaftlich fundierten Studie von Orbach, Singer und Price aus dem Jahr 1999 wurden Tennisspieler*innen im Alter von 17 bis 27 Jahren untersucht. Genau wie in der Studie zum Basketball mussten die Sportler*innen eine sportliche Aufgabe mit einer genauen Zielvorgabe erfüllen: Von der Basislinie fünfzig Tennisbälle mit Vor- und Rückhand aufs Tennisfeld spielen. Je nachdem wo der Tennisball im Feld aufkam, wurden unterschiedlich viele Punkte vergeben; dabei musste eine Mindestpunktzahl erreicht werden. Auch hier wurden den Sportler*innen wieder negative Rückmeldungen gegeben („Du hast die Aufgabe nicht geschafft"), unabhängig von ihrer tatsächlichen Leistung. Es folgte eine Einteilung in drei Gruppen. Der Gruppe 1 wurde, wie in der Basketball-Studie, kontrollierbare und variable Ursachenzuschreibungen vermittelt. Der Gruppe 2 wurden unkontrollierbare und stabile Ursachenzuschreibungen vermittelt. Der Gruppe 3 wurden mehr Details zur sportlichen Aufgabe gegeben, ohne auf Ursachenzuschreibungen einzugehen. Danach durften sich die Sportler*innen zu unterschiedlichen Zeitpunkten erneut an der sportlichen Aufgabe versuchen: Direkt nachdem sie den Gruppen zugeteilt worden waren und die Informationen erhalten hatten, eine Woche später, eineinhalb Wochen später und vier Wochen später. Bei dem Durchgang, der vier Wochen später stattfand, mussten die Sportler*innen zusätzlich zur „alten" Aufgabe eine neue sportliche Aufgabe erfüllen, die sie vorher noch nicht geübt hatten. Genauer: Sie mussten vom Tennisfeldbereich „Alley" fünfzig Bälle mit Vorder- und Rückhand ins gegenüberliegende Feld spielen. Es zeigte sich, dass die Teilnehmenden der Gruppe, denen kontrollierbare und variable Ursachenzuschreibungen vermittelt wurden (Gruppe 1), sowohl ihre Ursachenzuschreibungen verändert hatten als auch bei beiden sportlichen Aufgaben bedeutsam optimistischere Erwartungen an zukünftige Leistungen hatten. Sie waren zudem ermutigter und hoffnungsvoller als die anderen Gruppen. Auch die Leistung war tendenziell besser als in den anderen Gruppen. Zudem nutzten Personen dieser Gruppe vergleichsweise mehr Zeit zum Üben zwischen den Versuchen. Diese Studie weist darauf hin, dass Maßnahmen zur Veränderung von Ursachenzuschreibungen langfristige Effekte haben und sich ihre Wirkung auch auf andere Aufgaben übertragen lässt.

Beide Studien illustrieren eindrucksvoll und auf der Basis klarer Daten, dass es im Sportbereich wichtig ist, Sportler*innen günstige Ursachenzuschreibungen nahe zu legen. Auf diese Weise werden sie in die Lage versetzt, auch nach Misserfolgen wieder gute Leistungen zu erzielen.

3.6 Zusammenfassung

- **Was sind Maßnahmen zur Veränderung von Ursachenzuschreibungen?**
  Maßnahmen zur Veränderung von Ursachenzuschreibungen sind psychologische Techniken, welche die aktuell vorliegenden (ungünstigen und ggf. unrealistischen) Ursachenzuschreibungen einer Person in günstiger Art und Weise verändern.
- **Welche Ziele verfolgen solche Maßnahmen?**
  Das Erleben und Verhalten der betreffenden Person sollen so beeinflusst werden, dass Motivation und Leistung gesteigert werden. Die Person soll erkennen, dass sie Misserfolgen nicht „hilflos ausgeliefert" ist, sondern dass sie und ihre Trainer*innen selbst aktiv etwas dagegen tun können. Misserfolge werden somit als kontrollierbar wahrgenommen und die Motivation für zukünftiges Training wird gesteigert. Wissenschaftliche Studien zeigen, dass Maßnahmen zur Veränderung von Ursachenzuschreibungen diese Ziele erreichen und zur Leistungsförderung beitragen.
- **Wie gehe ich vor, wenn ich Ursachenzuschreibungen verändern möchte?**
  Die Maßnahme zur Veränderung von Ursachenzuschreibungen wird in sechs Schritten durchgeführt:
  1. Es werden aktuelle Ursachenzuschreibungen der Person erkundet.
  2. Das Ziel, welches erreicht werden soll, wird definiert und festgelegt.
  3. Es wird überprüft, ob das festgelegte Ziel realistisch und erreichbar ist.
  4. Es werden geeignete Techniken und Materialien ausgewählt, um die Maßnahme zur Veränderung von Ursachenzuschreibungen durchzuführen.

5. Die ausgewählten Techniken und Materialien werden angewendet.
6. Es wird überprüft, ob die Maßnahme erfolgreich war und ob das festgelegte Ziel erreicht wurde.

─ **Welche Techniken kann ich anwenden, um Ursachenzuschreibungen zu verändern?**

Es gibt vier zentrale Techniken, die zur Veränderung von Ursachenzuschreibungen genutzt werden könn:

– Psychoedukation: Es wird über die Art von Ursachenzuschreibungen und deren Auswirkungen informiert
– Kommentierungstechnik: Erwünschte Ursachenzuschreibungen werden geäußert
– Modellierungstechnik: Eine Person dient als gutes Beispiel
– Beobachtungsinformationen: Realistische Ursachen werden gefunden

Literatur

Bandura, A. (1977). *Social learning theory*. Englewood Cliffs: Prentice-Hall.
Haynes, T. L., Perry, R. P., Stupnisky, R. H., & Daniels, L. M. (2009). A review of attributional retraining treatments: Fostering engagement and persistence in vulnerable college students. In J. S. Smart (Hrsg.), *Higher education: Handbook of theory and research* (Bd. 24, S. 227–272). Dordrecht: Springer.
Orbach, I., Singer, R. N., & Murphey, M. (1997). Changing attributions with an attribution training technique related to basketball dribbling. *The Sport Psychologist, 11*(3), 294–304. https://doi.org/10.1123/tsp.11.3.294.
Orbach, I., Singer, R., & Price, S. (1999). An attribution training program and achievement in sport. *The Sport Psychologist, 13*(1), 69–82. https://doi.org/10.1123/tsp.13.1.69.

Materialien Zur Motivations- förderung

In Teil II dieses Bandes werden Materialien zu verschiedenen Maßnahmen zur Veränderung von Ursachenzuschreibungen zur Verfügung gestellt. Diese Materialien befähigen Sie als Trainer*in
dazu, Ihren Sportler*innen zu vermitteln, was Ursachenzuschreibungen sind, wie sich diese auswirken und wie sie in
motivationsförderlicher und leistungssteigernder Art und Weise
verändert werden können. Dabei gilt es zu beachten, dass es zwar
„typische Schritte" gibt, die bei der Durchführung einer Maßnahme zur Veränderung von Ursachenzuschreibungen durchgeführt werden (vergleiche Abschn. 3.3), dass es aber bei der
praktischen Anwendung in den meisten Fällen nicht möglich ist,
alle Schritte detailliert auszuführen. Dies ist auch kein Problem. Es
soll Sie lediglich darauf hinweisen, dass Sie aus den hier aufgeführten Materialien diejenigen herausgreifen können, die am
besten zu Ihrer jeweiligen spezifischen Situation und Ihren
persönlichen Möglichkeiten passen. Demnach gibt es auch keine
fest vorgegebene Reihenfolge, in der Sie die Materialien anwenden müssen – wir sprechen lediglich Empfehlungen aus.
Sehen Sie die hier aufgeführten Materialien also als eine Sammlung von Techniken an, auf die Sie jederzeit zurückgreifen können.

Im Folgenden sehen Sie eine Übersicht, wie sich Teil II gliedert:
- Kap. 4 (Bevor es los geht: Sinnvolle Überlegungen): Welche
  Voraussetzungen müssen erfüllt sein, um Maßnahmen zur Ver-
  änderung von Ursachenzuschreibungen durchzuführen? Wie
  kann ich gemeinsame Ziele mit meinen Sportler*innen für die
  Veränderung finden und vereinbaren? Welche Ursachen-

zuschreibungen werden typischerweise bei Misserfolgen gemacht?

- Kap. 5 (Über Ursachenzuschreibungen informieren: Psychoedukation): Was sind Ursachenzuschreibungen? Welche Dimensionen haben sie? Wie wirken sie sich auf Erleben und Verhalten aus?
- Kap. 6 (Erwünschte Ursachenzuschreibungen äußern:
Kommentierungstechnik): Wie kann ich meinen Sportler*innen günstige Ursachenzuschreibungen nahelegen? Wie kann
ich günstige Ursachenzuschreibungen verstärken? Wie kann
ich die Äußerung von Ursachenzuschreibungen anregen?
- Kap. 7 (Ein gutes Beispiel sein: Modellierungstechnik): Wie
kann ich gute Beispiele finden für Sportler*innen mit günsti-
gen/ungünstigen Ursachenzuschreibungen? Wie vermittele
ich gute Beispiele an meine Sportler*innen? Wie kann ich
Motivationssprüche entwickeln, die meinen Sportler*innen im
Training und im Wettkampf weiterhelfen?
- Kap. 8 (Realistische Ursachen finden: Beobachtungsinformationen): Wie kann ich Beobachtungen sammeln
und interpretieren? Wie kann ich realistische Ursachenzuschreibungen finden? Wie kann ich Beobachtungen festhalten und den Sportler*innen zurückmelden?

Wir empfehlen **vor Beginn** der Maßnahme zur Veränderung von
Ursachenzuschreibungen die Materialien im Kap. 4 zu bearbeiten. Zudem empfehlen wir **zu Beginn** der Maßnahme die
Materialien aus Kap. 5 durchzuführen (zumindest Arbeitsblatt
5.4, das die Inhalte effektiv zusammenfasst), um den Sportler*innen zu vermitteln, um was es überhaupt geht und somit die
Effektivität der Maßnahme zu steigern.

Jede Maßnahme (Psychoedukation, Kommentierung, Modellierung und Beobachtungsinformationen) beginnt mit einer kurzen Definition und einem Überblick über den Aufbau und die
Inhalte der dazugehörigen Arbeitsblätter. Bei jedem Arbeitsblatt
wird zudem das Ziel, die Vorüberlegungen zum Einsatz der Methode, die Zielgruppe und Dauer, die Hinweise zur Durch-

führung, ggf. die Varianten und der Nutzen der jeweiligen Technik aufgeführt. Beachten Sie bei der Durchführung der Arbeitsblätter, dass Sie gegebenenfalls Materialien ausdrucken müssen oder Papier und Stifte für die Bearbeitung benötigt werden.

Um Ihnen die Auswahl der Arbeitsblätter zu erleichtern und Ihnen eine Übersicht zu geben, werden in Tab. A die Kapitel mit den zugehörigen Arbeitsblättern und ihren Inhalten bzw. Zielen aufgeführt.

◻ Tab. A Übersicht über die Arbeitsblätter und ihre Inhalte/Ziele

Kapitel/Maßnahme	Arbeitsblatt	Inhalte/Ziele
4 Bevor es los geht: Sinnvolle Überlegungen		Notwendige Voraussetzungen für Maßnahmen zur Veränderung von Ursachenzuschreibungen:
	4.1 Leitfragen für die Zielformulierung	- Ziele/Vorgehen für die Maßnahmen festlegen
	4.2 Typische Ursachenzuschreibungen erkunden	- Erkunden, ob Sportler*innen günstige oder ungünstige Ursachenzuschreibungen machen
	4.3 Die eigenen typischen Ursachenzuschreibungen kennenlernen und andere plausible Ursachenzuschreibungen erkunden	- Herausfinden, welche typischen Ursachenzuschreibungen man selbst tätigt und überlegen, welche anderen Ursachenzuschreibungen in Frage kommen
5 Über Ursachenzuschreibungen informieren: Psychoedukation		Wissensvermittlung rund um das Konzept der Ursachenzuschreibung:
	5.1 Was sind Ursachenzuschreibungen?	- Definition von Ursachenzuschreibungen geben
	5.2 Welche Dimensionen der Ursachenzuschreibungen gibt es?	- Ursachen ihren Dimensionen zuordnen
	5.3 Wie wirken sich unterschiedliche Ursachenzuschreibungen auf Erleben und Verhalten aus?	- Auswirkungen auf Erleben und Verhalten schildern
	5.4 Definition, Dimensionen und Auswirkungen von Ursachenzuschreibungen effektiv zusammengefasst	- Effektive Zusammenfassung der Arbeitsblätter 5.1–5.3 bei wenig verfügbarer Zeit
	5.5 Handout zu Ursachenzuschreibungen	- Zusammenfassung aller wichtigen Informationen, die an Sportler*innen und Trainer*innen ausgeteilt werden kann

6 Erwünschte Ursachenzuschreibungen äußern: Kommentierungstechnik	6.1 Günstige Ursachenzuschreibungen nahelegen	Rückmeldungen geben, die auf die Veränderung von Ursachenzuschreibungen abzielen: - Durch bestimmte Aussagen des*der Trainer*in günstige Ursachenzuschreibungen fördern
	6.2 Günstige Ursachenzuschreibungen verstärken und ungünstige abschwächen	- Von Sportler*innen geäußerte Ursachen kommentieren und Suche nach Alternativen anregen
	6.3 Äußerung von Ursachenzuschreibungen anregen	- Sportler*innen dazu bringen, ihre eigenen Ursachenzuschreibungen zu äußern
7 Ein gutes Beispiel sein: Modellierungstechnik	7.1 Modellierung durch Erfahrungsberichte	Nutzung von Modellen zum Erlenen günstiger Ursachenzuschreibungen: - Eigene Erfahrungen als Modelle nutzen
	7.2 Modellierung durch Rollenspiele	- Ein Rollenspiel vorführen oder zeigen
	7.3 Selbstmodellierung durch Motivationssätze	- Motivationssätze bilden für das Training und den Wettkampf
8 Realistische Ursachen finden: Beobachtungsinformationen	8.1 Informationen sammeln und verstehen	Variationen beobachten und dadurch realistische Ursachenzuschreibungen bilden: - Sportler*innen üben Beobachtungen einzuholen und realistische Schlüsse zu ziehen
	8.2 Realistische Ursachenzuschreibungen finden	- Sportler*innen sammeln Beobachtungen für einen eigenen spezifischen Misserfolg und finden realistische Ursachen
	8.3 Variationen beobachten und zurückmelden	- Trainer*innen stellen Beobachtungen an und informieren ihre Sportler*innen darüber

Inhaltsverzeichnis

Bevor es los geht: Sinnvolle Überlegungen

Inhaltsverzeichnis

Ergänzende Information: Die elektronische Version dieses Kapitels enthält Zusatz-
material, das berechtigten Benutzern zur Verfügung steht. https://doi.org/10.1007/
978-3-658-32518-3_4

Wenn Sie eine Maßnahme zur Veränderung von Ursachenzuschreibungen durchführen und die in diesem Buch beschriebenen Techniken anwenden, kann es sinnvoll sein, im Vorhinein Überlegungen über folgende Aspekte anzustellen: Freiwilligkeit der Teilnahme, Vertraulichkeit, Zeitpunkt der Durchführung der
Maßnahme und Durchführung im Einzel- versus Gruppensport. Auf diese Aspekte wird im Folgenden eingegangen. Die Überlegungen helfen Ihnen dabei, diejenigen Materialien auszuwählen, die für Ihre spezifische Situation am sinnvollsten
sind.

Anschließend folgen drei Arbeitsblätter, die unserer Empfehlung nach vor der
Durchführung einer Maßnahme zur Veränderung von Ursachenzuschreibungen
bearbeitet werden sollten:

- 4.1 Arbeitsblatt: Leitfragen für die Zielformulierung
- 4.2 Arbeitsblatt: Typische Ursachenzuschreibungen erkunden
- 4.3 Arbeitsblatt: Die eigenen typischen Ursachenzuschreibungen kennenlernen
  und andere plausible Ursachenzuschreibungen erkunden (Version für Trainer*innen und Version für Sportler*innen)

Insgesamt können diese drei Arbeitsblätter gut mit allen weiteren in diesem Band
beschriebenen Techniken verknüpft werden. Durch die Anwendung der beschriebenen Arbeitsblätter kann die Effektivität der Maßnahmen erhöht und die
Zusammenarbeit zwischen Ihnen und Ihren Sportler*innen verbessert werden.

■ **Freiwilligkeit der Teilnahme**

Ausgangspunkt für die Durchführung vieler Maßnahmen zur Veränderung von
Ursachenzuschreibungen ist die Freiwilligkeit der Teilnehmenden. Klären Sie in
diesen Fällen im Vorfeld ab, ob die Sportler*innen von sich aus bereit sind, gemeinsam mit Ihnen Techniken durchzuführen, die die Motivation und die Leistung
im Training beeinflussen.

■ **Vertraulichkeit und Respekt**

Ebenso wichtig sind Vertraulichkeit und ein respektvoller Umgang miteinander. Es
kann sinnvoll sein, im Vorfeld der Zusammenarbeit Erwartungen und Wünsche
der Beteiligten zu besprechen und abzuklären, um so mögliche Missverständnisse
zu vermeiden und einen gemeinsamen Fokus zu haben. Damit kann der Austausch
zwischen Ihnen und Ihren Sportler*innen gefördert werden, der die Basis für Veränderungen von Ursachenzuschreibungen darstellt. Insgesamt ist es immer wichtig
zu bedenken, dass es sich bei Ursachenzuschreibungen um individuelle Gedanken
handelt, die für die einzelne Person in dieser Form vermutlich „stimmig" und „gewohnt" sind und daher nicht von außen als „richtig" oder „falsch" bezeichnet werden sollten. Sinnvoller ist es, die Begriffe „günstig" oder „ungünstig" zu verwenden.
Ziel ist eine gemeinsame Auseinandersetzung mit bisherigen Ursachenzuschreibungen und der Betrachtung, wie diese gewinnbringend motivations- und
leistungsförderlich verändert werden können.

- **Zeitpunkt der Durchführung der Maßnahmen**

Es ist wichtig, einen Termin für die Durchführung mit Ihren Sportler*innen zu vereinbaren (z. B. am Anfang des nächsten Trainings oder im nächsten Trainingslehrgang). Die Maßnahmen sollten zunächst nicht einfach spontan erfolgen. Zudem können Maßnahmen sowohl nach einem Misserfolg als auch präventiv durchgeführt werden.

a) Nach einem Misserfolg: Ein günstiger Zeitpunkt, um Maßnahmen zur Veränderung von Ursachenzuschreibungen durchzuführen, ist beispielsweise die Nachbesprechung eines Wettkampfes. Dies ist vor allem dann ein günstiger Zeitpunkt, wenn das Ergebnis des Wettkampfes nicht wie erwünscht ausgefallen ist. Die Nachbesprechung sollte allerdings nicht direkt am Tag des Wettkampfes stattfinden, an dem die Emotionen eventuell noch im Vordergrund stehen, sondern erst ein bis zwei Tage später. Dies kann den Sportler*innen helfen, einen Misserfolg besser zu verarbeiten, motiviert zu bleiben und zukünftig weitere Trainingserfolge zu erreichen.

b) Präventiv: Auch unabhängig von Misserfolgen können Maßnahmen zur Veränderung von Ursachenzuschreibungen durchgeführt werden. So können die Sportler*innen bereits vorzeitig für Ursachenzuschreibungen sensibilisiert werden und ihr Wissen in Folge eines schlechten Trainings oder Wettkampfes anwenden.

- **Einzel- versus Gruppensportart**

Die Maßnahmen zur Veränderung von Ursachenzuschreibungen können sowohl bei Einzel- als auch bei Gruppensportarten durchgeführt werden. Bei der konkreten Durchführung sollte allerdings zwischen Einzel- und Gruppensportarten unterschieden werden. Bei der Betreuung von Einzelsportler*innen können die Maßnahmen jederzeit mit dem*der Sportler*in durchgeführt werden.

Bezüglich Gruppensportarten ist zunächst zu betonen, dass die Durchführung von Maßnahmen zur Veränderung von Ursachenzuschreibungen keiner Person schadet. Es macht also Sinn, die Maßnahmen im Rahmen einer Gruppe (z. B. zu Beginn des Trainings) durchzuführen. Sollen nur einzelne Sportler*innen herausgegriffen werden, ist darauf zu achten, dass der gewohnte Trainingsablauf nicht gestört wird. Es bietet sich also zum Beispiel an, die ausgewählten Personen vor oder nach dem Training zu sich zu holen oder gesonderte Termine zu vereinbaren.

4.1 Arbeitsblatt: Leitfragen für die Zielformulierung

- **Ziel**

Die nachfolgenden Leitfragen sollen Sie dabei unterstützen, gemeinsam mit Ihren Sportler*innen ein oder mehrere Ziele für Maßnahmen zur Veränderung von Ursachenzuschreibungen festzulegen. So wird es möglich, ein gemeinsames Vorgehen zu beschließen. Zudem kann während oder nach der Maßnahme anhand der Ziele beurteilt werden, inwiefern diese hilfreich bzw. erfolgreich war und ggf. daran anknüpfend die weitere Vorgehensweise angepasst werden.

■ Vorüberlegungen zum Einsatz der Methode

Eine gemeinsame Vereinbarung von Zielen macht insbesondere dann Sinn, wenn es sich um Einzelsportler*innen oder nur eine kleine Gruppe von Sportler*innen handelt. Die angeführten Leitfragen bieten sich für ein Gespräch zu Beginn eines solchen Veränderungsprozesses an und dienen dazu, dass sowohl dem*der Trainer*in als auch den Sportler*innen klar ist, um was es geht und was erreicht werden soll.

■ Zielgruppe und Dauer

Kinder, Jugendliche und Erwachsene; Dauer: ca. 20 bis 30 Minuten

■ Hinweise zur Durchführung

Es ist sinnvoll, die Leitfragen in einem Dialog zu beantworten und sie nicht starr nacheinander abzuarbeiten. Es ist auch nicht notwendig, alle vorgeschlagenen Fragen zu stellen – möglicherweise reichen ausgewählte Fragen aus, die zu Ihrer Situation passen. Die vorgeschlagenen Leitfragen sind lediglich „Eröffner", um ins Gespräch zu kommen und die relevanten Punkte leichter zu erreichen. Fragen Sie spezifisch nach, wenn Ihnen noch Informationen fehlen oder wenn Ihnen Antworten unklar sind. Nach dem Gespräch sollten Sie ein klares Bild haben, um was es geht. Sie sollten dann das Ziel bzw. die Ziele gemeinsam mit den Befragten schriftlich festhalten.

Materialien: Der *„Leitfaden für die Zielformulierung"* kann als Erinnerungsstütze ausgedruckt werden.

■ Varianten

Die Übung kann zur Zielformulierung verwendet werden, aber auch für eine Zwischenbilanz oder Rückschau: Wie nah sind die Sportler*innen ihren Zielen gekommen? Was könnte noch verbessert werden? Hat sich etwas an den Rahmenbedingungen geändert, was berücksichtigt werden sollte? Haben sich Ziele verändert oder passen sie noch?

■ Nutzen

Sie führen mit Ihren Sportler*innen ein Gespräch. Sie einigen sich auf ein gemeinsames Ziel und können in allen Veränderungssituationen darauf zurückgreifen. Das gemeinsame Festlegen dieses Ziels erhöht die persönliche Bindung zum Ziel. Zudem ist es am Ende der Trainingsmaßnahme möglich, gemeinsam das Erreichte zu bewerten und ggf. weitere nötige Schritte zu veranlassen.

Leitfragen für die Zielformulierung

Mithilfe der folgenden Leitfragen soll es Ihnen gelingen, gemeinsam mit Ihren Sportler*innen ein Ziel oder mehrere Ziele festzulegen, an dem oder an denen mittels Maßnahmen zur Veränderung von Ursachenzuschreibungen gearbeitet werden soll. Leitfragen für ein Gespräch zur Zielklärung können sein:

- Was ist der Anlass für das Gespräch?
  - Warum genau jetzt?
  - Gibt es eine bestimmte auslösende Situation?
- War das Verhalten, um das es geht, schon immer problematisch? Falls nein:
  - Wann hat es schlechter und wann besser geklappt?
  - Was war in den Situationen anders, als es besser geklappt hat?
- Wenn die Maßnahmen zur Motivationsförderung so gut wirken, wie sie nur können – wie genau würde sich das dann in Zukunft zeigen? Woran würde der*die Sportler*in eine Veränderung bemerken? Woran würden andere, z. B. Mitspieler*innen oder Trainer*innen, eine Veränderung bemerken?
- Was sind äußere Rahmenbedingungen, die berücksichtigt oder gezielt hergestellt werden müssen, damit die Maßnahme maximal erfolgreich sein kann? (z. B. eingeplante Zeit für die Durchführung, Absprachen im Vorfeld, Wettkampfplan, Umgang miteinander etc.)
- Wo können wir gemeinsam hinkommen? Was ist hier realistisch?
- Wie lange möchten wir (voraussichtlich) an dem Thema gemeinsam arbeiten?

Halten Sie Ihr gemeinsames Ziel schriftlich mit einem **Zielzustand** und einem **zeitlichen Rahmen** fest (z. B. „Gemeinsam möchten wir erreichen, dass der*die Sportler*in erkennt, dass die Ursachen für einen Aufschlagfehler im Turnier zum Teil unter seiner*ihrer eigenen Kontrolle stehen. Er*Sie soll bis zum nächsten Turnier (in vier Wochen) erkennen, dass er*sie die Ursachen gezielt beeinflussen kann.").

Gemeinsam möchten wir:

_____

_____

_____

4.2 Arbeitsblatt: Typische Ursachenzuschreibungen erkunden

■ **Ziel**

Die nachfolgende Übung dient dazu, für eine bestimmte Misserfolgssituation herauszufinden, welche Ursachen eine Person dem Misserfolg zuschreibt. Auf diese Weise kann man feststellen, ob die derzeitigen Ursachenzuschreibungen unter Umständen ungünstig und wenig motivationsförderlich sind. Eine Besprechung der Ergebnisse dieser Übung zwischen Sportler*in und Trainer*in kann auch dazu dienen, die verschiedenen Dimensionen von Ursachenzuschreibungen genauer kennenzulernen. Ein weiterer Zweck besteht darin, die Übung als Erfolgs- bzw. Wirksamkeitskontrolle einer Maßnahme zur Veränderung von Ursachenzuschreibungen zu verwenden.

■ **Vorüberlegungen zum Einsatz der Methode**

Ausgangspunkt sollte eine möglichst markant erinnerte Misserfolgssituation sein, zum Beispiel ein kürzlich verlorener Wettkampf.

■ **Zielgruppe und Dauer**

Jugendliche und Erwachsene; Dauer: ca. 15 Minuten

■ **Hinweise zur Durchführung**

Für eine konkrete Misserfolgssituation sollen Sportler*innen eine Ursache benennen. Für diese Ursache werden im nächsten Schritt die Dimensionen der Ursachenzuschreibungen eingeschätzt. Diese Einschätzungen werden dann anhand eines Auswertungsschlüssels ausgewertet.

Materialien: Für jede*n Sportler*in muss der *„Fragebogen"* und die *„Auswertung"* ausgedruckt werden. Zudem werden Stifte benötigt.

■ **Varianten**

Trainer*innen können die Übung auch als Selbsttest nutzen, um ihre eigenen Ursachenzuschreibungen zu erkunden. Der*Die Trainer*in kann auf diese Weise herausfinden, inwieweit er*sie markante Misserfolge der eigenen Sportler*innen auf Ursachen zurückführt, die an der eigenen Person liegen (= innerhalb), kontrollierbar, zeitlich variabel oder spezifisch sind.

■ **Nutzen**

Der*Die Trainer*in gewinnt Einblicke, wie stark seine*ihre Sportler*innen (oder auch er*sie selbst) eine markante Situation auf Ursachen zurückführt, die an der eigenen Person liegen (= innerhalb), die kontrollierbar, zeitlich variabel oder spezifisch sind.

Fragebogen

Erinnere Dich an eine markante Situation, deren Ausgang für Dich nicht zufriedenstellend war bzw. Dich enttäuscht oder mitgenommen hat. Gebe dieser Situation eine möglichst kurze und charakteristische Überschrift:

Denke nun über die Ursache(n) nach, die Du für dieses negative Ereignis gefunden hast. Die im Folgenden aufgelisteten Fragen drehen sich um Deine Eindrücke oder Meinungen über die Ursachen Deiner schlechten Leistung. Umkreise bei jeder Frage die Zahl, die Deiner Einschätzung am besten entspricht. Wenn Du bei unterschiedlichen Ursachen unterschiedliche Zahlen umkreisen willst, dann fülle den Fragebogen für jede Ursache einzeln aus.

Ist die Ursache etwas, …

das nur in dieser Situation wirkt	9	8	7	6	5	4	3	2	1	das auch in anderen Situationen wirkt
das einen Aspekt Deiner Person widerspiegelt	9	8	7	6	5	4	3	2	1	das einen Aspekt der Situation widerspiegelt
das steuerbar ist	9	8	7	6	5	4	3	2	1	das nicht steuerbar ist
das vorübergehend ist	9	8	7	6	5	4	3	2	1	das dauerhaft ist
das man regulieren kann	9	8	7	6	5	4	3	2	1	das man nicht regulieren kann
das sich nicht auf andere Situationen übertragen lässt	9	8	7	6	5	4	3	2	1	das sich auf andere Situationen übertragenlässt
worüber man Kontrolle hat	9	8	7	6	5	4	3	2	1	worüber man keine Kontrolle hat
das Deine Person betrifft	9	8	7	6	5	4	3	2	1	das nicht DeinePerson betrifft
das zeitlich variabel ist	9	8	7	6	5	4	3	2	1	das zeitlich stabil ist
das innerhalb von Dir liegt	9	8	7	6	5	4	3	2	1	das außerhalb von Dir liegt
das veränderbar ist	9	8	7	6	5	4	3	2	1	das nicht veränderbar ist
das nur dieses Ereignis beeinflusst	9	8	7	6	5	4	3	2	1	das viele Ereignisse beeinflusst

4

Auswertung

Bitte übertrage die umkreisten Werte in diese Abbildung.

Ist die Ursache etwas, …

das nur in dieser Situation wirkt	9	8	7	6	5	4	3	2	1	das auch in anderen Situationen wirkt
das einen Aspekt Deiner Person widerspiegelt	9	8	7	6	5	4	3	2	1	das einen Aspekt der Situation widerspiegelt
das steuerbar ist	9	8	7	6	5	4	3	2	1	das nicht steuerbar ist
das vorübergehend ist	9	8	7	6	5	4	3	2	1	das dauerhaft ist
das man regulieren kann	9	8	7	6	5	4	3	2	1	das man nicht regulieren kann
das sich nicht auf andere Situationen übertragen lässt	9	8	7	6	5	4	3	2	1	das sich auf andere Situationen übertragen lässt
worüber man Kontrolle hat	9	8	7	6	5	4	3	2	1	worüber man keine Kontrolle hat
das Deine Person betrifft	9	8	7	6	5	4	3	2	1	das nicht Deine Person betrifft
das zeitlich variabel ist	9	8	7	6	5	4	3	2	1	das zeitlich stabil ist
das innerhalb von Dir liegt	9	8	7	6	5	4	3	2	1	das außerhalb von Dir liegt
das veränderbar ist	9	8	7	6	5	4	3	2	1	das nicht veränderbar ist
das nur dieses Ereignis beeinflusst	9	8	7	6	5	4	3	2	1	das viele Ereignisse beeinflusst

Addiere nachfolgend alle Werte mit dem gleichen Symbol und trage die jeweilige Summe in die passenden Felder unten ein. Den Wert kannst Du dann auf der Skala auf der nächsten Seite markieren und damit eine Einschätzung über die Ausprägung der jeweiligen Dimension erhalten.

Legende:

Lokation
Summe: _____

Stabilität
Summe: _____

Kontrollierbarkeit
Summe: _____

Globalität
Summe: _____

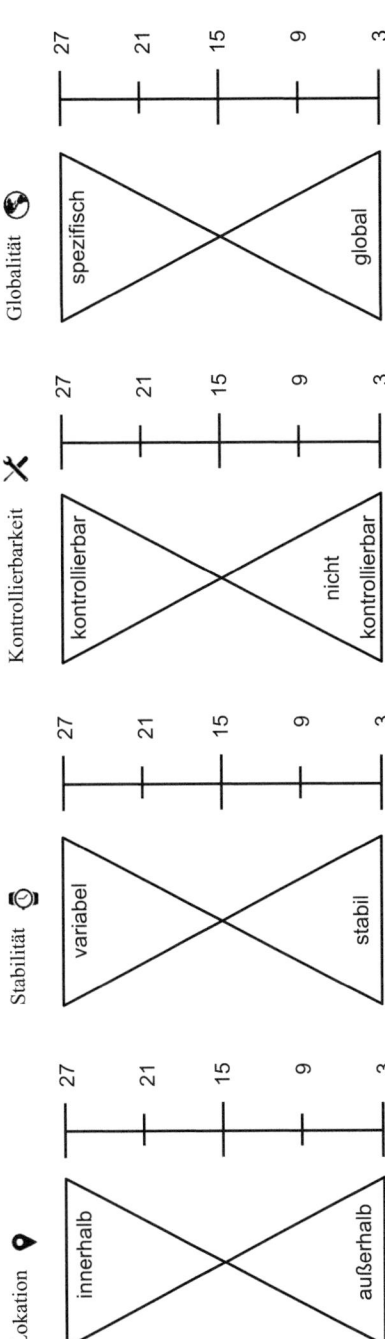

Lokation · Stabilität · Kontrollierbarkeit · Globalität

innerhalb / außerhalb — variabel / stabil — kontrollierbar / nicht kontrollierbar — spezifisch / global

Interpretationshilfe:

Betrachte nun deine eingetragenen Ausprägungen der einzelnen Dimensionen und verbinde die Markierungen miteinander, sodass ein Verlauf entsteht. Bei allen vier Bereichen sind hohe Werte eher als günstige Ursachenzuschreibungen für einen Misserfolg zu bewerten. Personen mit solchen Mustern von Ursachenzuschreibungen haben trotz eines Misserfolgs die Motivation weiterzumachen und sehen sich selbst in der Lage, etwas an ihrer Leistung zu verändern. Ihren Misserfolg sehen sie nicht als wiederkehrendes Phänomen an, sondern sie können beeinflussbare Faktoren ausmachen, welche relevant für den Misserfolg waren. Niedrige Werte deuten auf ungünstige Ursachenzuschreibungen im Fall eines Misserfolgs hin. Personen mit solchen Mustern für Ursachenzuschreibungen haben nach einem Misserfolg wenig Motivation weiterzumachen und sehen sich selbst nicht in der Lage, etwas an ihrer Leistung zu verändern. Ihren Misserfolg sehen Sie als wiederkehrendes Phänomen an.

Bei der Betrachtung des Verlaufs im Ganzen stellen Ausschläge in die oberen Bereiche besondere Ressourcen und Stärken dar, die helfen können, Misserfolge gut zu bewältigen. Ausschläge in die unteren Bereiche zeigen hingegen Entwicklungspotenziale und kennzeichnen Bereiche, in denen es möglich ist, Ursachenzuschreibungen in eine günstige Richtung zu verändern. Dafür können die Techniken und Materialien im weiteren Verlauf dieses Bandes genutzt werden.

4.3 Arbeitsblatt: Die eigenen typischen Ursachenzuschreibungen kennenlernen und andere plausible Ursachenzuschreibungen erkunden

■ **Ziel**

Als Trainer*in sind Sie oft mit Erfolgen und Misserfolgen Ihrer Sportler*innen konfrontiert. In der Regel wird vor allem dann nach möglichen Ursachen gesucht, wenn die Ergebnisse nicht so ausfallen wie erwartet und erhofft. Die folgende Übung hilft Ihnen und Ihren Sportler*innen nicht nur, die eigenen typischen Ursachenzuschreibungen zu erkunden, sondern anhand einer konkreten Situation auch über andere plausible Ursachenzuschreibungen nachzudenken.

■ **Vorüberlegungen zum Einsatz der Methode**

Sie sollten die Übung idealerweise selbst ausführen, bevor Sie Übungen zur Veränderung von Ursachenzuschreibungen bei Ihren Sportler*innen durchführen. Eine sehr ähnliche Übung finden Sie in Abschn. 5.2 (→ „Arbeitsblatt: Welche Dimensionen der Ursachenzuschreibungen gibt es?" unter „Teil C) Selbstreflexion – Wie ordne ich Ursachen ein?"). Wenn Sie sich dazu entscheiden, das Arbeitsblatt in Abschn. 5.2 durchzuführen, ist es also nicht notwendig, dass Ihre Sportler*innen bereits vorher dieses Arbeitsblatt (→ „Arbeitsblatt: Die eigenen typischen Ursachenzuschreibungen kennenlernen und andere plausible Ursachenzuschreibungen erkunden") bearbeiten.

■ **Zielgruppe und Dauer**

Jugendliche und Erwachsene; Dauer: ca. 5 Minuten

■ **Hinweise zur Durchführung**

Diese Übung funktioniert besonders gut, wenn Sie sich gedanklich voll und ganz in die beschriebene Situation hineinversetzen. Nehmen Sie sich hierfür ein wenig Zeit und sorgen Sie für eine störungsfreie Umgebung.

Materialien: Für jede*n Sportler*in bzw. Trainer*in muss das Arbeitsblatt „*Übung: Die eigenen Ursachenzuschreibungen kennenlernen und andere plausible Ursachenzuschreibungen erkunden*" ausgedruckt werden (je nach Anwendung Version für Sportler*innen oder Trainer*innen). Zudem werden Stifte benötigt.

■ **Varianten**

Die vorliegende Übung kann von Trainer*innen als Vorbereitung genutzt werden. Eine Variante für Sportler*innen ist auf den nachfolgenden Seiten ebenfalls zu finden.

■ **Nutzen**

Die Übung illustriert, dass auch Sie als Trainer*in nach einem Misserfolg Ihrer Sportler*innen ganz unterschiedliche Erklärungen dafür haben können, wie dieser zustande kam. Die Art wie Sie selbst solche Misserfolge typischerweise erklären, nennt man „Ursachenzuschreibungs-Stil". Es ist sehr hilfreich, den eigenen

Ursachenzuschreibungs-Stil zu kennen. Die Art, wie auch Sie als Trainer*in die Erfolge und Misserfolge Ihrer Sportler*innen gedanklich einordnen, hat möglicherweise Einfluss auf Ihren Umgang mit Ihren Sportler*innen. Daneben illustriert die Übung auch, dass es nach einem Misserfolg auch andere plausible Ursachen geben kann als die, die Ihnen zunächst in den Sinn kommen. Dies zu erkennen ist ein wichtiger Ausgangspunkt für Veränderungsprozesse.

4

Übung: Die eigenen typischen Ursachenzuschreibungen kennenlernen und andere plausible Ursachenzuschreibungen erkunden (Version für Trainer*innen)

① Stellen Sie sich folgende Situation vor:

Die von Ihnen trainierte Mannschaft oder der*die von Ihnen trainierte Einzelsportler*in absolviert ein sehr wichtiges Turnier oder einen sehr wichtigen Wettkampf. Leider bleibt der erhoffte Erfolg aus: Das Endergebnis ist schlecht und entsprechend sind nicht nur Ihre Sportler*innen, sondern auch Sie selbst sehr enttäuscht.

② Bitte überlegen Sie, was Sie in solchen Situationen typischerweise denken, was die hauptsächlichen Ursachen für einen solchen Misserfolg sind. Bitte wählen Sie aus einer Menge an vielen denkbaren Ursachen eine Ursache aus, die für Sie die wichtigste bzw. typischste ist.

Bitte notieren Sie diese Ursache mit einem Stichwort:

_____

③ Bitte denken Sie nun einen Moment lang über diese Hauptursache nach und beantworten Sie die folgenden Fragen:

Wie stabil ist diese Ursache über die Zeit? Tritt diese Ursache nur zu einem bestimmten Zeitpunkt auf, ist also zeitlich variabel oder ist sie etwas, das vermutlich länger andauert?

☐ zeitlich variabel   ☐ zeitlich stabil

Liegt diese Ursache innerhalb oder außerhalb der Sportler*innen bzw. des Teams?

☐ innerhalb der Personen   ☐ außerhalb der Personen

Ist diese Ursache kontrollierbar? Kann irgendjemand auf diese Ursache Einfluss nehmen?

☐ kontrollierbar   ☐ nicht kontrollierbar

Ist die Ursache auf eine spezifische Situation begrenzt oder ist sie weitreichend (global) in ihren Auswirkungen (bezieht sich auf mehrere, unterschiedliche Situationen)?

☐ spezifisch   ☐ global

④ Bitte denken Sie nun darüber nach, ob es in dieser Situation auch andere plausible Ursachen für den Misserfolg geben könnte:

Welche Ursachen könnten nur von kurzer zeitlicher Dauer bzw. variabel sein?

_____

_____

_____

Welche Ursachen könnten mit Ihnen als Trainer*in etwas zu tun haben?

_____

_____

_____

Welche Ursachen sind kontrollierbar durch Sie, durch die Sportler*innen oder auch durch andere Personen?

_____

_____

_____

Welche (spezifischen) Ursachen beziehen sich nur auf eine konkrete Situation oder einen Kontext?

_____

_____

_____

4

Übung: Die eigenen typischen Ursachenzuschreibungen kennenlernen und andere plausible Ursachenzuschreibungen erkunden (Version für Sportler*innen)

① Stelle Dir folgende Situation vor:

Du hast an einem für Dich sehr wichtigen Turnier oder Wettkampf teilgenommen. Leider bleibt der erhoffte Erfolg aus: Das Ergebnis ist schlecht und entsprechend bist Du genau wie Dein*e Trainer*in sehr enttäuscht.

② Bitte überlege Dir, was Du in solchen Situationen typischerweise denkst, was die hauptsächlichen Ursachen für einen solchen Misserfolg sind. Bitte wähle aus den Ursachen, die Dir in den Kopf kommen, eine Ursache aus, die Du für die wichtigste bzw. typischste hälst.

Bitte notiere Dir diese Ursache mit einem Stichwort:

_____

③ Bitte denke nun einen Moment lang über diese Hauptursache nach und beantworte die folgenden Fragen:

Wie stabil ist diese Ursache über die Zeit? Tritt diese Ursache nur zu einem bestimmten Zeitpunkt auf, ist also zeitlich variabel oder ist sie etwas, das vermutlich länger andauert?

☐ zeitlich variabel   ☐ zeitlich stabil

Liegt diese Ursache an dir selbst (innerhalb deiner Person) oder an anderen (außerhalb deiner Person)?

☐ innerhalb   ☐ außerhalb

Ist diese Ursache kontrollierbar? Kann irgendjemand auf diese Ursache Einfluss nehmen?

☐ kontrollierbar   ☐ nicht kontrollierbar

Ist die Ursache auf eine spezifische Situation begrenzt oder ist sie weitreichend (global) in ihren Auswirkungen (bezieht sich auf mehrere, unterschiedliche Situationen)?

☐ spezifisch   ☐ global

④ Bitte denke nun darüber nach, ob es in dieser Situation auch andere plausible Ursachen für den Misserfolg geben könnte:

Welche Ursachen könnten nur von kurzer zeitlicher Dauer bzw. variabel sein?

_____

_____

_____

Welche Ursachen könnten mit Dir selbst zu tun haben?

_____

_____

_____

Welche Ursachen sind kontrollierbar durch Dich, durch andere Sportler*innen oder auch durch andere dritte Personen?

_____

_____

_____

Welche (spezifischen) Ursachen beziehen sich nur auf eine konkrete Situation oder einen Kontext?

_____

_____

_____

Über Ursachen-
zuschreibungen
informieren:
Psychoedukation

Inhaltsverzeichnis

Ergänzende Information Die elektronische Version dieses Kapitels enthält Zusatz-
material, das berechtigten Benutzern zur Verfügung steht. https://doi.org/10.1007/978-
3-658-32518-3_5

© Springer Fachmedien Wiesbaden GmbH, ein Teil von Springer Nature 2021
V. Gottschall et al., *Sportler*innen motivieren*,
https://doi.org/10.1007/978-3-658-32518-3_5

- **Überblick – Was ist Psychoedukation?**

Bestimmte Techniken der Veränderung von Ursachenzuschreibungen setzen voraus, dass die beteiligten Sportler*innen zunächst einmal wissen, was Ursachenzuschreibungen sind und wie sich diese auf unser Erleben und Verhalten auswirken können. Das Informieren über Ursachenzuschreibungen und ihre Auswirkungen wird als „Psychoedukation" bezeichnet. Die im Rahmen der Psychoedukation gegebenen Informationen sind die Grundlage dafür, sich mit den Sportler*innen nachfolgend besser über Ursachenzuschreibungen austauschen zu können. Außerdem erhalten die beteiligten Sportler*innen eine bessere Einsicht in und ein tieferes Verständnis für die nachfolgenden Maßnahmen, die zur Motivationsförderung ergriffen werden. Motivationsförderung durch die Veränderung von Ursachenzuschreibungen erscheint so für die beteiligten Sportler*innen nicht mehr als ein undurchschaubarer Prozess, sondern als sinnvolle Maßnahme, die sie selbst verstehen können. Schließlich ist ein besseres Verständnis von Ursachenzuschreibungen, ihrer Dimensionen und ihrer Auswirkungen oft auch schon der erste Schritt hin zu günstigeren Ursachenzuschreibungen. Die Sportler*innen werden aufmerksamer auf günstige Ursachenzuschreibungen und können ungünstige Ursachenzuschreibungen besser vermeiden.

Zusammenfassend ist das Ziel der Psychoedukation, den Sportler*innen Informationen über Ursachenzuschreibungen zu geben und damit eine wichtige Grundlage für die nachfolgend geplanten Veränderungen zu legen und auch selbstständiges Nach- und ggf. Umdenken anzuregen.

- **Aufbau und Inhalte der Materialien zur Psychoedukation**

Im Materialteil zur Psychoedukation gibt es insgesamt fünf Arbeitsblätter:

5.1   Arbeitsblatt: Was sind Ursachenzuschreibungen?
5.2   Arbeitsblatt: Welche Dimensionen der Ursachenzuschreibungen gibt es?
5.3   Arbeitsblatt: Wie wirken sich unterschiedliche Ursachenzuschreibungen auf Erleben und Verhalten aus?
5.4   Arbeitsblatt: Definition, Dimensionen und Auswirkungen von Ursachenzuschreibungen effektiv zusammengefasst
5.5   Arbeitsblatt: Handout zu Ursachenzuschreibungen

Die Arbeitsblätter 5.1 bis 5.3 beschäftigen sich ausführlicher mit der Thematik und eignen sich vor allen Dingen dann, wenn Sie viel Zeit zur Verfügung haben (z. B. auf einer Nationalkaderschulung oder in einem Trainingslager) und ihre Sportler*innen darauf einstellen können, dass ein Gespräch über Ursachenzuschreibungen stattfinden wird. Ist dies der Fall, dann empfiehlt es sich **alle drei** Arbeitsblätter in der empfohlenen Reihenfolge (5.1, 5.2, 5.3) zu bearbeiten. So werden alle wichtigen Aspekte der Ursachenzuschreibungen erläutert und sind für die Sportler*innen verständlich.

Das Arbeitsblatt 5.4 eignet sich besonders gut, wenn nur wenig Zeit zur Verfügung steht und daher eine sehr komprimierte Informationsvermittlung erfolgen soll. Es wird ein zusammenfassender Überblick über die Definition, die Dimensionen und die Auswirkungen von Ursachenzuschreibungen gegeben. Dieses Arbeitsblatt kann z. B. zu Beginn oder am Ende eines Trainings angewendet werden.

Das Arbeitsblatt 5.5 fasst alle wichtigen Informationen zu Ursachenzuschreibungen zusammen und dient als Gedächtnisstütze für Sportler*innen und Trainer*innen. Es darf gerne ausgedruckt und verteilt werden.

5.1 Arbeitsblatt: Was sind Ursachenzuschreibungen?

■ **Ziel**

Das Ziel des folgenden Arbeitsblattes ist es, den Sportler*innen nahe zu bringen, was Ursachenzuschreibungen sind. Die Sportler*innen sollen eine Woche (der Zeitraum ist aber individuell je nach Situation anpassbar) darauf achten, welche Ursachen ihnen nach einem Misserfolg in den Sinn kommen. Zu Beginn des nächsten Trainings in der darauffolgenden Woche werden die Ursachen für den Misserfolg zusammengetragen und sortiert.

■ **Vorüberlegungen zum Einsatz der Methode**

Über Ursachenzuschreibungen kann sowohl in Gruppenbesprechungen als auch in Einzelgesprächen oder Kleingruppen (z. B. vor oder nach dem Training) informiert werden. Die Anwendung der Methode setzt voraus, dass die teilnehmenden Sportler*innen dazu bereit und in der Lage sind, auf sich selbst zu achten und ihren Gedanken für eigene Misserfolge Aufmerksamkeit zu schenken.

■ **Zielgruppe und Dauer**

Jugendliche und Erwachsene, Einzel-, Paar- und Mannschaftssportler*innen; Dauer: ca. 15 bis 30 Minuten

■ **Hinweise zur Durchführung**

Der folgende Leitfaden ist in mehrere Schritte unterteilt. Es bietet sich an, sich zunächst einen Überblick über alle Schritte zu verschaffen und diese dann in der vorgegebenen Reihenfolge durchzuführen. Bei einigen Schritten werden Formulierungsbeispiele angeführt. Diese können gerne übernommen werden. Es ist allerdings nicht notwendig, alles wortwörtlich zu übernehmen. Im Gegenteil, wenn Sie wie gewohnt sprechen und Beispiele aus Ihrem eigenen Sportbereich wählen, wird die Erklärung noch verständlicher und authentischer für die Sportler*innen.

Wichtig ist zudem, die Sportler*innen durch eigene Erfahrungsberichte miteinzubeziehen, um ein gutes Verständnis über Ursachenzuschreibungen entstehen zu lassen. Es kann durchaus passieren, dass die Sportler*innen den Arbeitsauftrag, der für eine Woche gegeben wird, nicht ausführen. Sollte dies der Fall sein, bietet es sich an, den Sportler*innen im Training bei der Besprechung selbst Zeit zu geben, über eigene erlebte Misserfolge nachzudenken und mögliche Ursachen zu formulieren. Am Ende der Übung kann das zuvor Bearbeitete nochmals gemeinsam reflektiert werden.

→ Nach der Durchführung weiter mit dem Arbeitsblatt „Welche Dimensionen der Ursachenzuschreibungen gibt es?" (Abschn. 5.2)

Materialien: Der *„Leitfaden zur Erläuterung von Ursachenzuschreibungen"* kann als Erinnerungsstütze ausgedruckt werden.

■ **Varianten**

Eine Variante besteht darin, als Trainer*in den Sportler*innen eigene Misserfolge und deren Ursachenzuschreibungen aufzuzeigen. Dies kann nicht nur dazu dienen an diesem Beispiel zu illustrieren, was Ursachenzuschreibungen sind, sondern kann auch dazu beitragen, dass sich gerade in einer größeren Gruppe alle Sportler*innen trauen, eigene Ursachenzuschreibungen zu schildern.

■ **Nutzen**

Das Erklären von Ursachenzuschreibungen wird genutzt, um Sportler*innen über das Thema zu informieren und sie zu befähigen, sich besser mit ihren eigenen Ursachenzuschreibungen auseinanderzusetzen. Es legt die Grundlage dafür, sich besser mit den Sportler*innen über Ursachenzuschreibungen austauschen zu können. Zudem erhalten die Sportler*innen eine bessere Einsicht in und ein tieferes Verständnis für die nachfolgenden Maßnahmen. Das langfristige Ziel soll somit ein Um- und Nachdenken sein, welches die Sportler*innen zu einer besseren Leistung führt.

Leitfaden zur Erläuterung von Ursachenzuschreibungen

1. Am Ende eines Trainings bittet der*die Trainer*in die Sportler*innen in der kommenden Woche einen eventuell auftretenden Misserfolg bewusst wahrzunehmen. Dieser darf auch außerhalb des Trainings liegen, z. B. auf der Arbeit oder in der Schule. Sie sollen sich notieren, auf welche Ursache(n) sie diesen Misserfolg zurückführen und diese Notizen zum Training in der kommenden Woche mitbringen. Um den Arbeitsauftrag klarer zu machen, werden ein bis zwei Beispiele gegeben. Eine mögliche Formulierung des Arbeitsauftrages könnte folgendermaßen aussehen:

   „Ich möchte in der nächsten Woche mit euch über etwas sprechen, das uns helfen kann, uns im Training weiter zu verbessern. Dazu würde ich euch bitten, dass ihr in der kommenden Woche bewusst darauf achtet, wenn ihr einen Misserfolg erlebt. Das kann optimalerweise im Training sein, aber auch in anderen Situationen, z. B. auf der Arbeit, in der Schule oder im Studium. Wenn ihr einen Misserfolg erlebt, dann fragt euch: ‚Was ist die Ursache dafür?‘ Notiert euch diese Ursache bitte im Handy oder auf einen Zettel und bringt diese Notiz nächste Woche zum Training mit. Wenn ihr mehrere solcher Situationen erlebt, können es auch gerne mehrere Ursachen sein. Ein Beispiel für ein Misserfolg wäre, wenn ich im Training aufs Tor ziele, aber daneben werfe. Als Ursache könnte ich z. B. ansehen, dass ich an dem Tag sehr unkonzentriert war. Ich würde mir als Ursache also ‚Unkonzentriertheit‘ aufschreiben. Habt ihr dazu noch Fragen?"

2. Eine Woche später nimmt der*die Trainer*in Bezug zum Arbeitsauftrag, der erteilt wurde. Alle Ursachen werden z. B. in einer gemeinsamen Sitzung gesammelt. Dies kann je nach Situation mündlich oder schriftlich erfolgen. Wenn einige Ursachen noch als Sätze formuliert sind (z. B. „Ich war zu aufgeregt und habe deswegen einen Fehler gemacht"), dann sollten die Ursachen in ein prägnantes Stichwort überführt werden (z. B. „Aufregung"). Es bietet sich an, die Ursachen festzuhalten (z. B. auf Papier) und anschließend entweder für alle sichtbar zu präsentieren oder für alle verständlich laut vorzulesen.

3. Anschließend wird im nächsten Schritt darauf eingegangen, was genau nun Ursachenzuschreibungen sind. Dazu ist es wichtig, den Sportler*innen aufzuzeigen, dass es sich um die **Zuschreibung von Ursachen für Handlungen, Ereignisse und Verhaltensweisen** handelt. Es sind gedankliche Überzeugungen, die Menschen über die Ursachen von Ereignissen bilden. Damit das Thema für die Sportler*innen greifbar ist, dienen nun die gesammelten Beispiele als Unterstützung für die Erklärung.

   „Nachdem wir nun verschiedene Misserfolge und deren persönliche Ursachen gesammelt haben, möchte ich euch nun genauer erklären, was es mit Ursachenzuschreibungen auf sich hat. Wir haben jetzt gesehen, dass man für Misserfolge unterschiedliche Ursachen finden kann. Genau dieses Annehmen von Ursachen für ein bestimmtes Ereignis (in unserem Fall Misserfolg) wird ‚Ursachenzuschreibung‘ genannt. Ursachenzuschreibungen sind Zuschreibungen von Ursachen für Handlungen, Ereignisse und Verhaltensweisen. Das heißt, wenn ihr im letzten Spiel eine hohe Quote an Fehlpässen hattet, kann die mögliche, von euch gefundene Ursache

dafür sein, dass die Aufregung vor dem Spiel zu groß war. Ein anderes Beispiel wäre, dass ihr im letzten 100 m Lauf nicht eure erhoffte Zeit gelaufen seid. Ihr erklärt euch diesen Misserfolg damit, dass die Bahn aufgrund des Wetters nass war und somit keine schnellere Zeit möglich war. Das heißt Ursachenzuschreibungen sind gedankliche Überzeugungen, die ihr über die Ursachen von Ereignissen bildet."

4. Der*Die Trainer*in vergewissert sich, ob verstanden wurde, was Ursachenzuschreibungen sind und ob es noch Fragen gibt. Er*Sie weist darauf hin, dass es einen Unterschied macht, welche Ursachen man für einen Misserfolg ausmacht. Je nachdem, welche Ursache man annimmt und wie man diese wahrnimmt, kann Motivation und Leistung gesteigert oder gesenkt werden. Dies wird anhand der weiteren folgenden Arbeitsblätter zur Psychoedukation näher betrachtet und erklärt.

5.2 Arbeitsblatt: Welche Dimensionen der Ursachenzuschreibungen gibt es?

■ **Ziel**

Das Ziel des folgenden Arbeitsblattes ist es, den Sportler*innen zu vermitteln, welche Dimensionen Ursachenzuschreibungen haben können. Dabei werden die Dimensionen zunächst erläutert, dann werden die Ursachen, die beim einwöchigen Arbeitsauftrag gesammelt wurden (siehe Abschn. 5.1 → „Arbeitsblatt: Was sind Ursachenzuschreibungen?"), den Dimensionen zugeordnet. Anschließend wird eine kurze Selbstreflexions-Übung durchgeführt. Die Selbstreflexions-Übung legt die Basis für Ansatzpunkte zur Veränderung von ungünstigen Ursachenzuschreibungen zu günstigen Ursachenzuschreibungen. Die Auswirkungen von unterschiedlichen Ursachenzuschreibungen auf Erleben und Verhalten werden im Abschn. 5.3 (→ „Arbeitsblatt: Wie wirken sich unterschiedliche Ursachenzuschreibungen auf Erleben und Verhalten aus?") bearbeitet.

■ **Vorüberlegungen zum Einsatz der Methode**

Es ist notwendig, dass die Sportler*innen bereits wissen, was Ursachenzuschreibungen sind. Das erste Arbeitsblatt „Was sind Ursachenzuschreibungen?" (Abschn. 5.1) sollte daher bereits bearbeitet worden sein.

■ **Zielgruppe und Dauer**

Jugendliche und Erwachsene; Dauer: ca. 15 bis 30 Minuten

■ **Hinweise zur Durchführung**

Die ausgedruckten Materialien zur „Vorstellung der Dimensionen" können entweder an eine Pinnwand/Tafel geheftet oder einfach auf den Boden gelegt werden (die Sportler*innen sollten sich in diesem Fall kreisförmig aufstellen). Das Arbeitsblatt besteht aus drei Teilen:

Der Teil A) „Vorstellung der Dimensionen" wird in einem kleinen Vortrag durch den*die Trainer*in erläutert. Beim Teil B) „Zuordnung der Ursachen zu den Dimensionen" wird in der Gruppe diskutiert, wie die einzelnen Ursachen aus dem einwöchigen Arbeitsauftrag jeweils auf den verschiedenen Dimensionen eingeordnet werden können. Dabei macht die Person den ersten Vorschlag, die diese Ursache bei ihrem eigenen Misserfolg wahrgenommen hatte. Wenn wenig Zeit zur Verfügung steht, dann kann der Teil B) übersprungen werden. Im Teil C) „Selbstreflexion – Wie ordne ich Ursachen ein?" werden die Sportler*innen selbst aktiv. Das Arbeitsblatt wird den Sportler*innen ausgeteilt und von ihnen ausgefüllt.

→ nach der Durchführung weiter mit dem Arbeitsblatt „Wie wirken sich unterschiedliche Ursachenzuschreibungen auf Erleben und Verhalten aus?" (Abschn. 5.3)

Materialien: Zur Durchführung müssen die Druckvorlagen für „*Vorstellung der Dimensionen*" und das Arbeitsblatt „*Selbstreflexion – Wie ordne ich Ursachen ein?*"

ausgedruckt werden. Zudem werden Karteikarten (pro Teilnehmer mind. 4) und Stifte benötigt.

■ **Nutzen**

Wenn die Sportler*innen Wissen über Dimensionen der Ursachenzuschreibungen erworben haben, fällt es ihnen leichter, ihre eigenen Ursachenzuschreibungen einzuordnen. Zudem erhalten sie ein tieferes Verständnis und bedeutende Ansatzpunkte für die nachfolgenden Maßnahmen zur Veränderung von Ursachenzuschreibungen.

5

Teil A) Vorstellung der Dimensionen – Leitfaden für Trainer*in

Zunächst soll den Sportler*innen erläutert werden, welche Dimensionen Ursachenzuschreibungen haben. Dazu stellt der*die Trainer*in jeweils eine Dimension vor (z. B. Lokation) und legt die dazugehörige Druckvorlage für alle deutlich sichtbar hin. Anschließend werden die Ausprägungsgrade (z. B. innerhalb vs. außerhalb) anhand eines Beispiels erklärt.

Lokation

Eine Ursache kann innerhalb oder außerhalb einer Person liegen.

Beispiel innerhalb: Krankheit

Beispiel außerhalb: Wetterbedingungen

Stabilität

Eine Ursache kann zeitlich stabil oder zeitlich variabel sein.

Beispiel zeitlich stabil: generelle Angst vor Wettkämpfen

Beispiel zeitlich variabel: schlechte Laune am Wettkampftag

Kontrollierbarkeit

Eine Ursache kann kontrollierbar oder nicht kontrollierbar sein.

Beispiel kontrollierbar: zu wenig vor dem Wettkampf trainiert

Beispiel unkontrollierbar: Verletzung vor dem Wettkampf

Globalität

Eine Ursache kann global oder spezifisch sein.

Beispiel global: generell schlechtere Leistung auf Wettkämpfen

Beispiel spezifisch: schlechte Leistung auf einem speziellen Wettkampf

Teil A) Vorstellung der Dimensionen – Druckvorlage

Lokation

Eine Ursache kann innerhalb oder außerhalb einer Person liegen

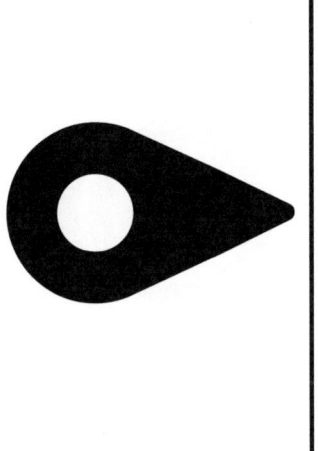

außerhalb
(z. B. Wetter-
bedingungen)

innerhalb
(z. B. Krankheit)

5

Teil A) Vorstellung der Dimensionen – Druckvorlage

Stabilität

Eine Ursache kann zeitlich stabil oder zeitlich variabel sein

zeitlich stabil
(z. B. generelle
Angst vor
Wettkämpfen)

zeitlich variabel
(z. B. schlechte
Laune am
Wettkampftag)

Teil A) Vorstellung der Dimensionen – Druckvorlage

Kontrollierbarkeit

Eine Ursache kann kontrollierbar oder unkontrollierbar sein

nicht kontrollierbar (z. B. Verletzung vor dem Wettkampf)

kontrollierbar (z. B. zu wenig Training vor dem Wettkampf)

5

Teil A) Vorstellung der Dimensionen – Druckvorlage
Globalität

Eine Ursache kann global
oder spezifisch sein

global
(z. B. generell
schlechte Leistung
in Wettkämpfen)

spezifisch
(z. B. schlechte
Leistung in einem
speziellen Wettkampf)

Teil B) Zuordnung der Ursachen zu den Dimensionen

Nachdem die Dimensionen der Ursachenzuschreibungen mit ihren Ausprägungs-graden vorgestellt wurden, soll jetzt Bezug genommen werden zu den Ursachen, die die Sportler*innen beim einwöchigen Arbeitsauftrag notiert haben. Dazu wer-den folgende vier Schritte durchgeführt:

1. Jede Ursache wird mit einem schwarzen dicken Filzstift auf vier einzelne **Kärt-chen geschrieben** (das heißt, dass es z. B. vier Kärtchen mit dem Wort „Auf-regung" gibt).

| Aufregung | Aufregung | Aufregung | Aufregung |

2. Bei der Zuordnung der Ursachen zu den Dimensionen wird mit einer Ursache angefangen. Am besten stellt der*die Trainer*in exemplarisch eine Ursache vor. Angenommen der*die Trainer*in hat die Ursache „Aufregung", dann betrachtet er*sie nun die erste **Dimension** (z. B. „Lokation") und legt das Kärtchen auf die Stelle des Verlaufs zwischen den möglichen **Ausprägungen** „innerhalb" und „außerhalb", an der er*sie diese Ursache sieht. Es ist sinnvoll, das Kärtchen nicht stumm hinzulegen, sondern einen **Satz dazu zu sagen**: „Für mich ist Auf-regung etwas, das eher innerhalb meiner Person liegt". Anschließend wird die zweite Dimension betrachtet (z. B. „Stabilität") und ein zweites Kärtchen, auf dem auch „Aufregung" steht, wird auf den Verlauf zwischen dem Ausprägungs-grad „zeitlich variabel" und „zeitlich stabil" gelegt. So wird die Prozedur fort-geführt, bis die Ursache auf allen Dimensionen eingestuft wurde.

3. Anschließend werden die **Ursachen der Sportler*innen** herangezogen. Es ist nicht notwendig, dass alle Sportler*innen ihre Ursachen zuordnen. Es reicht, wenn drei bis vier exemplarische Beispiele durchgesprochen werden, da anschließend bei Teil C dieses Arbeitsblattes („Teil C) Selbstreflexion – Wie ordne ich Ursachen ein?") jede einzelne Person solch eine Zuordnung vornimmt. Die Sportler*innen dürfen ihre Ursachen selbst auf den jeweiligen Dimensionen den Ausprägungsgraden zu-ordnen. Möglicherweise tauchen Unsicherheiten oder **Diskussionen** auf. Hier ist es wichtig zu betonen, dass es **keine falschen oder richtigen** Zuordnungen gibt, sondern dass dies jede Person **subjektiv** anders wahrnimmt. Dementsprechend kann ein- und dieselbe Ursache z. B. von einer Person als kontrollierbar und von einer anderen als unkontrollierbar wahrgenommen werden.

4. Wenn einige Beispiele durchgesprochen wurden, sollen noch **offene Fragen** geklärt werden. Anschließend folgt Teil C) des Arbeitsblatts (→ „Teil C) Selbstreflexion – wie ordne ich Ursachen ein?").

Teil C) Selbstreflexion – Wie ordne ich Ursachen ein?

① Bitte erinnere Dich an einen Misserfolg, den Du vor kurzem erlebt hast. Zum Beispiel könnte dies ein Misserfolg in einem wichtigen Wettkampf oder ein Misserfolg im Training gewesen sein.

② Bitte überlege, was Du in dieser Situation gedacht hast, was die hauptsächlichen Ursachen für den Misserfolg waren. Bitte wähle aus den Ursachen, die Dir in den Kopf kommen, **eine** Ursache aus, die für Dich die wichtigste oder die typischste ist.

Notiere diese Ursache bitte mit einem Stichwort:

_____

③ Bitte denke einen Moment lang über diese Hauptursache nach und kreuze anschließend an, wie du diese Ursache einschätzt:

	Die Ursache liegt… an mir selbst (innerhalb)	☐ ☐ ☐ ☐ ☐	an anderen Personen/ Umständen
	Die Ursache ist… zeitlich variabel	☐ ☐ ☐ ☐ ☐	zeitlich stabil
	Die Ursache ist… kontrollierbar	☐ ☐ ☐ ☐ ☐	nicht kontrollierbar
	Die Ursache ist… spezifisch (nur in bestimmten Situationen)	☐ ☐ ☐ ☐ ☐	global (in mehreren unterschiedlichen Situationen)

④ Denke nun darüber nach, ob es in dieser Situation auch noch andere plausible Ursachen für den Misserfolg geben könnte:

- Welche Ursachen könnte es geben, die an mir selbst liegen?

_____

- Welche Ursachen könnte es geben, die nur von kurzer zeitlicher Dauer bzw. variabel sind?

_____

- Welche Ursachen könnte es geben, die kontrollierbar sind?

_____

- Welche Ursachen könnte es geben, die sich nur auf bestimmte spezifische Situationen begrenzen?

_____

5.3 Arbeitsblatt: Wie wirken sich unterschiedliche Ursachenzuschreibungen auf Erleben und Verhalten aus?

■ **Ziel**

Das Ziel des folgenden Arbeitsblattes ist es, den Sportler*innen zu vermitteln, dass es unterschiedliche Stile gibt, Ursachen zuzuschreiben (Ursachenzuschreibungs-Stile). Diese Stile wirken sich auf das Erleben und Verhalten aus und können günstig oder ungünstig sein.

■ **Vorüberlegungen zum Einsatz der Methode**

Es ist notwendig, dass die Sportler*innen bereits wissen, was Ursachenzuschreibungen sind und welche Dimensionen sie haben. Das erste Arbeitsblatt „Was sind Ursachenzuschreibungen?" (Abschn. 5.1) und das zweite Arbeitsblatt „Welche Dimensionen der Ursachenzuschreibungen gibt es?" (Abschn. 5.2) sollten bereits bearbeitet worden sein.

■ **Zielgruppen und Dauer**

Jugendliche und Erwachsene; Dauer: ca. 30 Minuten

■ **Hinweise zur Durchführung**

Um Ihnen das Erklären der Auswirkungen auf das Erleben und Verhalten zu erleichtern, wurde im Folgenden ein Leitfaden mit allen wichtigen Aspekten zusammengestellt. Dabei wird am Anfang jedes Abschnitts stichpunktartig festgehalten, was erklärt werden soll und anschließend werden Formulierungsbeispiele gegeben. Da Sie Ihren Sport und Ihre Sportler*innen am besten kennen, können Sie gerne eigene Beispiele anbringen. Zudem ist es nicht notwendig, alles wortwörtlich wiederzugeben – sprechen Sie einfach so, wie Sie es auch normalerweise tun.

Materialien: Der *„Leitfaden zur Erklärung von Ursachenzuschreibungs-Stilen"* kann als Erinnerungsstütze ausgedruckt werden. Zur Durchführung sollten die Druckvorlagen *„Muster für einen ungünstigen Ursachenzuschreibungs-Stil"* und *„Muster für einen günstigen Ursachenzuschreibungs-Stil"* ausgedruckt werden.

■ **Nutzen**

Das Arbeitsblatt vermittelt Wissen über die Auswirkungen von Ursachenzuschreibungen auf Erleben und Verhalten. Die Sportler*innen sind zukünftig in der Lage zu erkennen, ob ihr Ursachenzuschreibungs-Stil für Misserfolge günstig oder ungünstig ist. Zudem lernen sie, wie sie ein Umdenken anregen können, um ihre Motivation und darauffolgend ihre Leistung zu erhöhen.

Leitfaden zur Erklärung von Ursachenzuschreibungs-Stilen

1. Einleitung

- Geben Sie einen kurzen Überblick darüber, was bisher gelernt wurde.
- Führen Sie den Begriff „Ursachenzuschreibungs-Stil" ein.

„Wir wissen jetzt, was Ursachenzuschreibungen sind und welche Dimensionen sie haben. Auf dem Arbeitsblatt ,Teil C) Selbstreflexion – Wie ordne ich Ursachen ein?' habt ihr eine eigene persönlich empfundene Ursache für einen Misserfolg auf diesen Dimensionen eingeordnet. Was fangen wir jetzt damit an?

Die Art der Einordnung ist oft über verschiedene Situationen hinweg ähnlich. Das bezeichnet man als 'Ursachenzuschreibungs-Stil'. Dabei kann man zwischen günstigen und ungünstigen Ursachenzuschreibungs-Stilen unterscheiden. Je nachdem, wie man eine Ursache einordnet, hat das unterschiedliche Auswirkungen auf unser Erleben und Verhalten."

2. Erläuterung der Ursachenzuschreibungs-Stile

Zur Erläuterung der Ursachenzuschreibungs-Stile bietet es sich an, die Druckvorlagen *„Muster für eher ungünstigen Ursachenzuschreibungs-Stil"* und *„Muster für eher günstigen Ursachenzuschreibungs-Stil"* zu nutzen. Die Druckvorlagen können entweder gut sichtbar für alle Personen aufgehängt oder einzeln ausgeteilt werden. Des Weiteren kann es Ihren Sportler*innen helfen, wenn Sie die verschiedenen Dimensionen sichtbar z. B. auf einem Flipchart notieren. So können ihnen die Sportler*innen während der Erklärungen besser folgen.

- Erklären Sie, was ein ungünstiger Ursachenzuschreibungs-Stil ist.
- Erklären Sie, was ein günstiger Ursachenzuschreibungs-Stil ist.
- Klären Sie aufkommende Fragen.

„Wir schauen uns mal an, was man eher als günstigen und was eher als ungünstigen Ursachenzuschreibungs-Stil ansehen kann.

Beim ungünstigen Ursachenzuschreibungs-Stil hat man nach einem Misserfolg das Gefühl, dass die Ursache an anderen Personen/Umständen liegt (= außerhalb), dass sie von längerer zeitlicher Dauer ist (= zeitlich stabil), dass sie nicht von einem selbst oder jemand anderem kontrollierbar ist (= unkontrollierbar) und dass sie in mehreren unterschiedlichen Situationen auftritt (= global). Was ist eure Vermutung, warum das ungünstig bzw. schlecht ist?

Das ist ungünstig bzw. schlecht, da man das Gefühl hat, dass man seine Leistung nicht selbst in der Hand hat und keinen Handlungsspielraum besitzt. Es ist wahrscheinlich, dass man in ähnlichen zukünftigen Situationen einen Misserfolg erwartet. Dadurch ist die Motivation für nachfolgendes Training gesenkt und es ist schwierig, die Leistung zu verbessern.

Günstig wäre ein Ursachenzuschreibungs-Stil, bei dem man eine Ursache so wahrnimmt, dass sie an einem selbst liegt (= interhalb), dass sie nur von kurzer zeitlicher Dauer ist (= zeitlich variabel), dass sie von einem selbst oder jemand anderem kontrollierbar ist (= kontrollierbar) und dass sie nur in spezifischen Situationen auftritt (= spezifisch). Was ist eure Vermutung, warum das günstig bzw. gut ist?

Das ist günstig bzw. gut, weil man dadurch das Gefühl hat, dass man seine Leistung selbst in der Hand hat und einen Handlungsspielraum besitzt. Es ist wahrscheinlich, dass man in ähnlichen zukünftigen Situationen Erfolg erwartet. Dadurch ist die Motivation für spätere Trainingseinheiten gesteigert und es fällt einem leichter, seine Leistung zu verbessern.

Das wichtigste bei der Ursachenzuschreibung ist also, dass man einen Handlungsspielraum sieht. Erst wenn man eine Ursache als etwas wahrnimmt, das man selbst beeinflussen kann, hat man das Gefühl, sie verändern zu können. Dadurch steigt die Motivation.

Gibt es noch Fragen?"

3. Eigenen Ursachenzuschreibungs-Stil verändern

- Geben Sie den Sportler*innen Zeit, ihre eigenen angekreuzten Ausprägungsgrade auf den Dimensionen mit den Mustern für günstige bzw. ungünstige Ursachenzuschreibungs-Stile zu vergleichen (→ Druckvorlagen).
- Wiederholen Sie, dass der Ursachenzuschreibungs-Stil Einfluss auf Gefühle, Erfolgserwartung, Motivation und Leistung hat.
- Erläutern Sie das Vorgehen, wenn ein günstiger Ursachenzuschreibungs-Stil vorliegt.
- Erläutern Sie das Vorgehen, wenn ein ungünstiger Ursachenzuschreibungs-Stil vorliegt.
- Klären Sie aufkommende Fragen.

„Jetzt ist die Frage, was ihr mit eurem neuen Wissen anfangen könnt. Dazu teile ich euch jetzt Muster für günstige und ungünstige Ursachenzuschreibungs-Stile aus. Schaut euch zunächst nochmal auf dem 'Selbstreflexion'-Arbeitsblatt an, was ihr angekreuzt habt und vergleicht es mit den Mustern zu günstigen bzw. ungünstigen Ursachenzuschreibungs-Stilen. Versucht für euch selbst einzuordnen, ob euer Ursachenzuschreibungs-Stil für die Ursache des Misserfolgs eher günstig oder ungünstig ist.

Den Sportler*innen 2 bis 3 Minuten Zeit zum Abgleichen geben

Wir wissen jetzt, dass die Art und Weise, wie wir über unsere Misserfolge denken, Einfluss auf unsere Gefühle, unsere Erfolgserwartung, unsere Motivation und nicht zuletzt unsere Leistung hat. Wenn ihr festgestellt habt, dass ihr einen günstigen Ursachenzuschreibungs-Stil für euer spezielles Misserfolgserlebnis habt, dann macht so weiter. Was mache ich jetzt aber, wenn ich einen eher ungünstigen Ursachenzuschreibungs-Stil habe? In diesem Fall solltet ihr lernen umzudenken. Das heißt, dass ihr noch einmal genauer darüber nachdenken solltet, welche Ursachen der Misserfolg noch haben könnte. Dabei solltet ihr euch auf Ursachen fokussieren, die ihr selbst beeinflussen könnt. Das heißt, dass ihr nach Ursachen suchen solltet, die Ansatzpunkte zur Verbesserung und Veränderung geben. Dieses Umdenken wurde auf dem Arbeitsblatt zur 'Selbstreflexion' durch die offenen Fragen, die unten aufgeführt sind, bereits angeregt. Wenn man neue Ansatzpunkte gefunden hat, dann kann man das zukünftige Training bewusst darauf ausrichten und bleibt motiviert. Anstatt also z. B. zu sagen, dass ich etwas ‚eben einfach nicht kann‘, weil ich untalentiert bin, könnte ich in dem Bereich, in dem der Misserfolg aufgetreten ist, zukünftig gezielt mehr Trainingszeit investieren. Habt ihr dazu Fragen?"

4. Ein Beispiel aus der Wissenschaft geben

   — Erläutern Sie eine Beispielstudie aus der Wissenschaft (siehe Abschn. 3.5), um Ihren Lernenden zu verdeutlichen, dass das Thema der günstigen und ungünstigen Ursachenzuschreibungen wissenschaftlich untersucht wurde und günstige Ursachenzuschreibungen nachweislich eine positive Wirkung zeigen.

„Ein Beispiel für eine Maßnahme zur Veränderung von Ursachenzuschreibungen wurde im Rahmen einer wissenschaftlich fundierten Studie im Sportkontext von Orbach, Singer und Murphey im Jahr 1997 durchgeführt. Dabei wurden 60 Basketballspieler*innen im Alter von 17 bis 25 Jahren ausgewählt, die eine sportliche Aufgabe erfüllen mussten. Es ging darum, in einer Sporthalle einen Basketball im Slalom um vier Hütchen zu dribbeln und am Ende den Ball in den Korb zu werfen. Dabei gab es ein Zeitlimit, das nicht überschritten werden durfte. Ein Versuch galt als erfolgreich, wenn der Korb am Ende innerhalb der vorgegebenen Zeit getroffen wurde. Insgesamt hatten die Sportler*innen acht Versuche. Nach dem zweiten Versuch wurde allen Sportler*innen eine negative Rückmeldung gegeben („Du hast die Aufgabe nicht geschafft"), unabhängig von ihrer tatsächlich benötigten Zeit und erzielten Leistung. Wenn eine Person also am Ende den Korb innerhalb der vorgegebenen Zeit getroffen hatte, wurde ihr trotzdem gesagt, dass sie das Zeitlimit überschritten und deswegen die Aufgabe nicht erfüllt habe. Danach wurden die 60 Basketballspieler*innen zufällig in drei Gruppen aufgeteilt:

   — *Gruppe 1 wurde durch die Forscher*innen mündlich kontrollierbare und variable Ursachenzuschreibungen vermittelt: „Jeder kann die Aufgabe erfolgreich absolvieren. Es ist möglich, sich über die Zeit in der Aufgabe zu verbessern. Die Leistung hängt von Faktoren ab, die ihr selbst kontrollieren und verändern könnt. Ihr könntet euch beispielsweise mehr anstrengen oder versuchen, den Ball beim Dribbeln näher am Körper zu halten."*
   — *Gruppe 2 wurde durch die Forscher*innen mündlich unkontrollierbare und stabile Ursachenzuschreibungen vermittelt: „Es gibt Personen, die die Aufgabe besser meistern können als andere. Das ist abhängig von genetischen Voraussetzungen. Die Leistung hängt von Faktoren ab, die ihr selbst nicht kontrollieren und verändern könnt."*
   — *Gruppe 3 wurde keine Ursachenzuschreibungen vermittelt, sondern die Aufgabe nochmals detaillierter erläutert: „Die Aufgabe setzt sich aus verschiedenen Fähigkeiten zusammen, die ein guter Basketballspieler braucht."*

Für die verbleibenden sechs Versuche der sportlichen Aufgabe zeigte sich, dass die Sportler*innen aus Gruppe 1, denen kontrollierbare und variable Ursachenzuschreibungen vermittelt wurden, nicht nur andere Ursachenzuschreibungen, sondern auch höhere Leistungen erzielten als die Sportler*innen aus Gruppe 2, denen unkontrollierbare und stabile Ursachenzuschreibungen vermittelt wurden. Gruppe 1 hatte ihre Ursachenzuschreibungen von ungünstigen Erklärungen zu günstigen Erklärungen verändert und konnte somit ihre Leistung steigern."

Druckvorlage: Muster für einen ungünstigen Ursachenzuschreibungs-Stil

Die Ursache liegt…

an mir selbst ☐ ☐ ☐ ☐ ☐ ☒ an anderen Personen/
(innerhalb) Umständen (außerhalb)

Die Ursache ist…

zeitlich ☐ ☐ ☐ ☐ ☐ ☒ zeitlich
variabel stabil

Die Ursache ist…

kontrollierbar ☐ ☐ ☐ ☐ ☐ ☒ nicht
kontrollierbar

Die Ursache ist…

spezifisch ☐ ☐ ☐ ☐ ☐ ☒ global
(nur in (in mehreren
bestimmten unterschiedlichen
Situationen) Situationen)

Druckvorlage: Muster für einen günstigen Ursachenzuschreibungs-Stil

Die Ursache liegt…

an mir selbst (innerhalb) ☒ ☐ ☐ ☐ ☐ ☐ an anderen Personen/ Umständen (außerhalb)

Die Ursache ist…

zeitlich variabel ☒ ☐ ☐ ☐ ☐ ☐ zeitlich stabil

Die Ursache ist…

kontrollierbar ☒ ☐ ☐ ☐ ☐ ☐ nicht kontrollierbar

Die Ursache ist…

spezifisch (nur in bestimmten Situationen) ☒ ☐ ☐ ☐ ☐ ☐ global (in mehreren unterschiedlichen Situationen)

5.4 Arbeitsblatt: Definition, Dimensionen und Auswirkungen von Ursachenzuschreibungen effektiv zusammengefasst

▪ **Ziel**

Eine Möglichkeit, die Ursachenzuschreibungen von Personen zu verändern ist, sie darüber zu informieren, was Ursachenzuschreibungen sind, wie sich diese auswirken und warum es sinnvoll sein kann, diese zu verändern. Das Ziel der Psychoedukation ist es also, Sportler*innen Informationen über Ursachenzuschreibungen zu geben und damit ein selbstständiges Nach- und ggf. Umdenken anzustoßen.

5

▪ **Vorüberlegungen zum Einsatz der Methode**

Diese Maßnahme eignet sich vor allem dann, wenn nicht viel Zeit zur Verfügung steht und bei den Sportler*innen dennoch ein Verständnis für Ursachenzuschreibungen aufgebaut werden soll. Dieses Verständnis allein kann bereits Effekte auf Erleben und Verhalten haben.

▪ **Zielgruppen und Dauer**

Jugendliche und Erwachsene; Dauer: ca. 5 bis 10 Minuten

▪ **Hinweise zur Durchführung**

Das Arbeitsblatt ist ein Leitfaden mit allen wichtigen Aspekten der Psychoedukation. Dabei wird am Anfang jedes Abschnitts stichpunktartig festgehalten, was erklärt werden soll. Anschließend werden Formulierungsbeispiele gegeben. Da Sie Ihren Sport und Ihre Sportler*innen am besten kennen, ist es natürlich Ihnen überlassen, welche Beispiele Sie anführen möchten. Zudem ist es nicht notwendig, alles wortwörtlich wiederzugeben – sprechen Sie einfach so, wie Sie es auch normalerweise tun.

Materialien: Der *„Leitfaden – Ursachenzuschreibungen effektiv zusammengefasst"* kann als Erinnerungsstütze ausgedruckt werden.

▪ **Nutzen**

Das Arbeitsblatt illustriert, dass eine Psychoedukation in wenigen Schritten effektiv durchführbar ist. Die Sportler*innen werden durch die Psychoedukation für das Thema Ursachenzuschreibungen sensibilisiert und befähigt, selbstständig darüber nachzudenken.

Leitfaden – Ursachenzuschreibungen effektiv zusammengefasst

1. **Einstieg ins Gespräch**

- Begrüßung.
- Erklären Sie, dass ein kurzes Gespräch stattfinden wird.
- Gehen Sie auf die Dauer und den Sinn des Gespräches ein.
- Nennen Sie den Inhalt des Gespräches.

*„Hallo, bevor wir heute mit dem Training beginnen, wollte ich mit euch kurz – ca. 5 Minuten – über etwas sprechen, das uns im Training weiterbringen kann. Wir sind immer darauf aus, die bestmöglichen Leistungen zu erzielen. Die Beschäftigung mit so genannten **Ursachenzuschreibungen** ist eine dieser Möglichkeiten, die uns im Training weiterbringen kann."*

2. **Definition und Auswirkungen von Ursachenzuschreibungen**

- Schildern Sie eine beispielhafte Situation.
- Geben Sie Beispiele für nicht kontrollierbare Ursachenzuschreibungen.
- Geben Sie Beispiele für kontrollierbare Ursachenzuschreibungen.

„Was Ursachenzuschreibungen sind, erkläre ich euch am besten an einem Beispiel. Stellt euch vor, wir fahren auf einen Wettkampf, fühlen uns gut vorbereitet und trotzdem klappt auf einmal einiges im Spiel nicht. Pässe sind ungenau, einzelne Personen wirken unkonzentriert und wir schaffen es nicht, gegen die andere Mannschaft anzukommen. Wir fahren mit einer Niederlage nach Hause. Was jetzt passiert ist ganz normal – Wir fragen uns: Woran hat es gelegen? Was sind die Ursachen für den Misserfolg und hätten wir einen Einfluss darauf gehabt? Wir fragen uns das, weil wir im nächsten Spiel wieder glänzen wollen, weil wir besser werden wollen. Je nachdem, welche Ursachen wir jetzt für den Misserfolg heranziehen, kann uns das im weiteren Training helfen oder nicht. Angenommen wir sagen, dass unsere Niederlage an der starken Hitze gelegen habe oder daran, dass unsere Mitspieler*innen nicht gut genug waren, dann ziehen wir uns aus der Verantwortung heraus. Wir sind den Ursachen „hilflos" ausgeliefert und können sie nicht kontrollieren. Es kann jederzeit sein, dass das wieder passiert. Was passiert dadurch? Unsere Motivation sinkt: Wir können ja sowieso nichts daran ändern.

Sinnvoller wäre es nach den Ursachen zu suchen, die wir selbst kontrollieren können. Was könnte das sein? Zum Beispiel könnten wir erkennen, dass das Training vielleicht nicht optimal und deshalb das Passspiel manchmal unpräzise war. Oder wir merken, dass wir uns auf dem Platz gegenseitig runtergezogen haben, anstatt diejenigen zu bestärken und zu unterstützen, die sich etwas schwerer getan haben. Noch eine Variante: Vielleicht haben wir trotz der Hitze nicht genug auf unseren Flüssigkeitshaushalt geachtet? Was wir damit erreichen ist etwas ganz Wertvolles: Wir können unsere Leistungen kontrollieren. Wir haben Ereignisse selbst in der Hand. Dadurch können wir motiviert und fokussiert weiterarbeiten."

3. **Bedeutung für eigenes Training**

- Erklären Sie, was Sie sich als Trainer*in von den Sportler*innen wünschen.
- Erlauben Sie Emotionen im Sport.

„Das bedeutet: Was wir denken beeinflusst das, was wir tun. Es ist völlig in Ordnung, sich nach einer Niederlage – egal ob im Training oder im Wettkampf – erst einmal aufzuregen. Wenn uns das egal wäre, dann würden wir nicht so hart dafür trainieren. Aber danach ist es wichtig, wieder einen klaren Kopf zu fassen und zu überlegen: Was kann ich tun? Wo sind Ansatzpunkte, die ich selbst verändern und kontrollieren kann."

4. **Abschluss des Gesprächs**

- Klären Sie, ob es noch Fragen gibt.
- Trainingsbeginn/Verabschiedung.

*„Habt ihr dazu noch Fragen? *auf aufgekommene Fragen eingehen* In diesem Sinne: Lasst uns mit dem Training beginnen."*

5.5 Handout zu Ursachenzuschreibungen

Was sind Ursachenzuschreibungen?

Ursachenzuschreibungen sind gedankliche Überzeugungen, die Menschen über Ursachen von Handlungen, Verhaltensweisen oder Ereignissen (z. B. Erfolge und Misserfolge) bilden. Nachdem eine Ursache identifiziert wurde, geht es im nächsten Schritt darum, wem oder was die Ursache zugeschrieben wird und welche Eigenschaften diese Ursache hat.

o   Wem oder was die Ursache zugeschrieben werden kann: Person, Zeit, Situation/Aufgabe

o   Welche Eigenschaften die Ursache hat: Lokation (innerhalb vs. außerhalb der Person liegend), Stabilität (zeitlich variabel vs. zeitlich stabil), Kontrollierbarkeit (kontrollierbar vs. unkontrollierbar), Globalität (spezifisch vs. global)

Woher kommen Ursachenzuschreibungen?

Sie können einerseits auf der Basis von beobachteten Informationen über die Veränderbarkeit eines Ereignisses gebildet werden. Andererseits können auch Rückmeldungen von anderen Personen zur Bildung von Ursachenzuschreibungen herangezogen werden.

Welche Eigenschaften haben Ursachenzuschreibungen?

♀	Lokation	Liegt die Ursache innerhalb der Person oder außerhalb der Person?
◊	Stabilität	Ist die Ursache zeitlich variabel oder zeitlich stabil?
✕	Kontrollierbarkeit	Ist die Ursache kontrollierbar oder nicht kontrollierbar?
◔	Globalität	Ist die Ursache spezifisch oder global?

Wie wirken sich Ursachenzuschreibungen auf mich aus?

Ursachenzuschreibungen können sich darauf auswirken, wie ich mich fühle. Zudem beeinflussen sie, ob ich bei zukünftigen Ereignissen (z. B. Wettkämpfen) Erfolg oder Misserfolg erwarte. Das wirkt sich auf meine Motivation und mein zukünftiges Verhalten aus.

Was sind günstige und ungünstige Ursachenzuschreibungen?

	günstige Ursachenzuschreibungen nach einem Misserfolg	ungünstige Ursachenzuschreibungen nach einem Misserfolg
Beispiele für Ursachenzuschreibungen	„Ich habe den Bewegungsablauf im Training nicht ausreichend trainiert."	„Ich kann das einfach nicht."
	„Meine aktuelle Technik ist nicht optimal."	„Ich bin zu schlecht dafür."
	„Ich habe mir im Training nie die Turniersituation und den Druck dazu vorgestellt."	„Ich kann mit dem Druck bei Leistungssituationen einfach nicht umgehen."
Eigenschaften der Ursachenzuschreibungen	innerhalb der Person, zeitlich variabel, kontrollierbar oder spezifisch	Außerhalb der Person, zeitlich stabil, nicht kontrollierbar oder global
	„Ich habe es selbst in der Hand, mich zu verbessern."	„Ich kann nichts daran ändern, dass ich schlecht bin."
Gefühle	ermutigt, optimistisch, (ziel)fokussiert, bestärkt	entmutigt, pessimistisch, niedergeschlagen, hilflos
Motivation	Motivation steigt	Motivation sinkt
Zukünftiges Training	Motivierte Trainingseinstellung, Lust am Training und verbesserte Leistung.	Bedrückte Stimmung und unsicheres Gefühl im Training. Keine Veränderung des Trainingsablaufs und ggf. Verschlechterung der Leistung.

Erwünschte Ursachenzuschreibungen äußern: Kommentierungstechnik

Inhaltsverzeichnis

© Springer Fachmedien Wiesbaden GmbH, ein Teil von Springer Nature 2021
V. Gottschall et al., *Sportler*innen motivieren*,
https://doi.org/10.1007/978-3-658-32518-3_6

- **Überblick – Was sind Kommentierungstechniken?**

Bei den Kommentierungstechniken geht es um Rückmeldungen seitens der Trainer*innen an die Sportler*innen, die darauf abzielen, dass die Sportler*innen ihre Ursachenzuschreibungen verändern. Die Kommentierung kann hierbei grundsätzlich auf zwei verschiedene Arten erfolgen: Bei der **ersten Möglichkeit** kommentiert der*die Trainer*in bestimmte Verhaltensweisen oder Verhaltensergebnisse (z. B. Leistungen) der Sportler*innen so, dass erwünschte Ursachenzuschreibungen nahegelegt werden. Bei der **zweiten Möglichkeit** kommentiert der*die Trainer*in bestimmte Ursachenzuschreibungen, die durch die Sportler*innen selbst geäußert werden und verstärkt dabei vor allem erwünschte Ursachenzuschreibungen. Beide Möglichkeiten eröffnen kraftvolle Wege für die Veränderung von Ursachenzuschreibungen.

6

Bei den Kommentierungstechniken gibt es einiges zu beachten. Hierzu dienen die folgenden Fragen:

- In welcher Situation bietet es sich an zu kommentieren?
- In welcher Form möchte ich kommentieren (mündlich oder schriftlich)?
- Welche anderen Personen können noch kommentieren?

- **In welcher Situation bietet es sich an zu kommentieren?**

Eine Kommentierung kann sowohl bei Erfolg als auch bei Misserfolg sinnvoll sein. Trotzdem unterscheiden sich die Rahmenbedingungen der Kommentierung: Es ist wichtig nach der *Kommentierung von Erfolg* und der *Kommentierung von Misserfolg* zu unterscheiden (siehe Tab. 6.1). Im Sport gibt es zwei Hauptbereiche, in denen Kommentierung stattfinden kann: Training und Wettkampf. Die in diesem Kapitel beschriebenen Techniken beziehen sich ausschließlich auf die Kommentierung von Misserfolg. Dies ist wichtig, da bei der Kommentierung von Erfolg andere Ursachenzuschreibungen als günstig angesehen werden.

- **In welcher Form möchte ich kommentieren (mündlich oder schriftlich)?**

Es gibt verschiedene Formen, wie kommentiert werden kann. Im Normalfall werden Sie als Trainer*in mündlich kommentieren. Gerade bei herben Rückschlägen, wie bei einem Misserfolg auf einem Wettkampf, kann es sich aber auch anbieten, schriftlich zu kommentieren. Beispielsweise könnten Sie dem*der Sportler*in einige Tage nach einem Misserfolg auf einem Wettkampf einen Brief mitgeben, in dem Sie ansprechen, dass Sie Handlungsspielraum in der Leistung sehen. Das heißt, dass der*die Sportler*in (ggf. mit Ihnen als Trainer*in zusammen) selbst etwas an der Situation ändern kann und es somit seiner*ihrer Kontrolle unterliegt. Zudem könnten Sie erwähnen, dass es sich um eine variable und spezifische Ursache handelt. Eine weitere Situation, in der schriftliche Kommentierung sinnvoll sein kann, ist, wenn Sie eine Mannschaft trainieren und einzelne Sportler*innen

◻ **Tab. 6.1** Rahmenbedingungen der Kommentierung von Erfolg und Misserfolg

	Kommentierung von Erfolg	Kommentierung von Misserfolg
Wie sollte in der Regel kommentiert werden?	innerhalb der Person liegend („Du kannst das richtig gut."), stabil („Du kannst das zu jeder Zeit abrufen."), kontrollierbar („Der Erfolg liegt in Deiner Hand."), global („Du bringst diese Leistung durchweg in allen Situationen.")	innerhalb der Person liegend („Du kannst das bewusst verändern."), zeitlich variabel („Das ist Dir nur heute passiert."), kontrollierbar („Das liegt in Deiner Hand."), spezifisch („Das ist Dir nur auf diesem einen Wettkampf/in diesem einen Training passiert.")
Im Training	Kommentierung jederzeit möglich, Sportler*innen besonders offen für Kommentare	Kommentierung jederzeit möglich, Sportler*innen besonders offen für Kommentare
Im Wettkampf (z. B. Halbzeitpause)	Kommentierung gezielt in abgeschwächter Form möglich	Kommentierung gezielt in abgeschwächter Form möglich
Nach dem Wettkampf	Kommentierung jederzeit möglich	Kommentierung erst einige Tage später möglich, da Sportler*innen zunächst mit der Verarbeitung des herben Rückschlages beschäftigt sind und daher wenig offen für motivationsförderliche Kommentierung (siehe Kap. 9)

nicht herausstellen wollen, weil es Ihnen oder dem*der Sportler*in unangenehm ist oder die Gruppendynamik beeinträchtigen könnte.

▪ **Welche anderen Personen können noch kommentieren?**

Nicht nur Sie als Trainer*in können kommentieren, sondern auch Mitsportler*innen, Physiotherapeut*innen oder Betreuer*innen. Dies kann den Effekt von Kommentierungstechniken noch verstärken. Wenn ein*e Sportler*in Informationen von mehreren unterschiedlichen Personen erhält, kann das eine unterschiedliche Wirkung auf den*die Sportler*in haben. Beispielsweise kommt es im Trainingsalltag manchmal vor, dass der*die Sportler*in nicht gut auf ihre*n Trainer*in zu sprechen ist. In diesem Fall kann es helfen, wenn ein*e Mitsportler*in den Erfolg oder Misserfolg kommentiert. Außerdem entwickelt sich durch das Kommentieren von mehreren Personen ein gewisses „Klima", das günstige Ursachenzuschreibungen fördert und normal werden lässt.

Wenn Sie gerne möchten, dass auch andere Personen Erfolge und Misserfolge kommentieren, dann ist es wichtig, dass Sie diese Personen vorher anleiten, wie kommentiert werden soll. Dazu können Sie den Personen auch die vorliegenden Arbeitsblätter zur Kommentierung aushändigen.

■ **Aufbau und Inhalte der Materialien zur Kommentierungstechnik**

Im Materialteil zur Kommentierungstechnik gibt es insgesamt drei Arbeitsblätter:

6.1 Arbeitsblatt: Günstige Ursachenzuschreibungen nahelegen

6.2 Arbeitsblatt: Günstige Ursachenzuschreibungen verstärken und ungünstige abschwächen

6.3 Arbeitsblatt: Äußerung von Ursachenzuschreibungen anregen

Das Arbeitsblatt 6.1 folgt der oben beschriebenen **ersten Möglichkeit**, nach der Verhaltensweisen/Verhaltensergebnisse von Sportler*innen kommentiert werden. Das Arbeitsblatt 6.2 folgt der oben beschriebenen **zweiten Möglichkeit**, nach der von den Sportler*innen geäußerte Ursachenzuschreibungen kommentiert werden. Falls die Sportler*innen von sich aus keine Ursachenzuschreibungen äußern, kann das Arbeitsblatt 6.3 verwendet werden. Hier werden Möglichkeiten aufgezeigt, wie Sie die Sportler*innen zur eigenen Aussage anregen. Die Arbeitsblätter können in beliebiger Reihenfolge und Kombination genutzt werden.

6

6.1 Arbeitsblatt: Günstige Ursachenzuschreibungen nahelegen

■ **Ziel**

Das Arbeitsblatt beinhaltet Beispielsätze, die es wahrscheinlicher machen, dass Ihre Sportler*innen günstige Ursachenzuschreibungen nach Misserfolgen finden.

■ **Vorüberlegungen zum Einsatz der Methode**

Bei dieser Methode werden Sportler*innen angeregt, günstige Ursachen-zuschreibungen nach einem Misserfolg auf den vier Dimensionen (Lokation, Stabilität, Kontrollierbarkeit und Globalität) zu finden. Es ist wichtig, dass Sie die Zuordnung der Ursache auf der erwünschten Dimension als realistisch ansehen.

■ **Zielgruppe und Dauer**

Kinder, Jugendliche und Erwachsene; Dauer: ca. 2 Minuten

■ **Hinweise zur Durchführung**

Auf dem Arbeitsblatt werden die Kommentare in vier Kategorien hinsichtlich der Dimensionen von Ursachenzuschreibungen aufgeteilt: Lokation, Stabilität, Kontrollierbarkeit und Globalität. In der rechten Spalte befinden sich zur jeweiligen Kategorie passende Kommentare. Die aufgeführten Kommentare sind Beispiele, die Sie auf Ihren Kontext anpassen können.

Wenn Sie Ihren Sportler*innen eine günstige Ursachenzuschreibung hinsichtlich einer oder mehrerer dieser Dimensionen nach einem Misserfolg nahelegen wollen, können Sie einen der Kommentare oder auch eine Kombination dieser Kommentare der jeweiligen Kategorie/n Ihren Sportler*innen nach dem Zeigen bestimmter Verhaltensweisen (z. B. frustriert sein) oder dem Beobachten bestimmter Verhaltensergebnisse (z. B. Nichtgelingen einer Übung) gegenüber äußern. Besondere Vorsicht ist bei der Dimension „Lokation" geboten, da diese Kommentare schnell den Selbstwert einer Person angreifen können. Versuchen Sie deswegen lieber mehr die Dimension „Kontrollierbarkeit" anzusprechen und den Sportler*innen dadurch *indirekt* zu vermitteln, dass die Ursache innerhalb ihrer Person liegt.

- **Nutzen**

Mithilfe der Kommentare des Arbeitsblattes können Sie eine günstige Ursachenzuschreibung von Verhaltensweisen bzw. -ergebnissen bei Ihren Sportler*innen erhöhen. Günstige Ursachenzuschreibungen sind eine notwendige Voraussetzung für motiviertes und erfolgreiches Training.

Günstige Ursachenzuschreibungen nahelegen	
Angestrebte Ursachenzuschreibung	**Kommentarbeispiele**
  LOKATION Innere Ursachenzuschreibung – Sportler*innen können so erkennen, dass die Ursache in ihnen selbst liegt.	• „Möglicherweise warst du nicht gut genug vorbereitet." • „Du hast den Anschein erweckt, dass du nicht genau wusstest, was du tun sollst." • „Du hast die Bewegung noch nicht ausreichend trainiert/gefestigt." • „Du sahst nicht besonders engagiert aus." • „Du hast unkonzentriert gewirkt." • „Die von dir gewählte Strategie war nicht zielführend."
  STABILIÄT Zeitlich variable Ursachenzuschreibung – Sportler*innen können so erkennen, dass die Ursache über die Zeit hinweg variabel ist.	• „Beim nächsten Mal klappt es besser." • „Nächstes Mal kannst du dich besser vorbereiten." • „In der Vergangenheit hast du es auch schon geschafft, diesmal war es nur ein Ausrutscher." • „Auch wenn es heute nicht so gut lief, kann es nächste Woche besser laufen, wenn du wieder konzentrierter bist." • „Im nächsten Training hast du eine neue Chance." • „Es kann nicht immer gut laufen. Bleib dran, es wird sich lohnen!"
  KONTROLLIERBARKEIT Kontrollierbare Ursachenzuschreibung – Sportler*innen können so erkennen, dass die Ursache beeinflussbar ist.	• „Du kannst dein Ergebnis selbst beeinflussen." • „Du hast deine Leistungen selbst in der Hand." • „Deine Trainingsstrategien kannst du selbst auswählen." • „Du entscheidest, wie viel Zeit du investierst." • „Du kannst selbst bestimmen, wie viel du trainierst." • „Du kannst die Reihenfolge der Trainingseinheiten selbst steuern."

| 

GLOBALITÄT

Spezifische Ursachenzuschreibung –

Lernende können so erkennen, dass die Ursache nur für spezifische Situationen zutreffen. | • „Das ist dir nur auf diesem einen Turnier passiert."

• „Diese Technik hat dir ein paar Probleme bereitet, aber dafür beherrschst du die andere Technik sehr gut."

• „Nur weil dir der Fehler einmal unterlaufen ist, heißt das nicht, dass er öfter auftreten wird."

• „Auch wenn du bei dieser Übung noch mehr Training benötigst, kannst du die anderen Übungen schon sehr gut." |

6.2 Arbeitsblatt: Günstige Ursachenzuschreibungen verstärken und ungünstige abschwächen

■ **Ziel**

Dieses Arbeitsblatt gibt Ihnen Formulierungshilfen an die Hand, um von Sportler*innen geäußerte, günstige Ursachenzuschreibungen nach einem Misserfolg zu verstärken und geäußerte ungünstige Ursachenzuschreibungen abzuschwächen. Bei ungünstigen Ursachen soll zudem die Suche nach anderen Ursachen angeregt werden.

■ **Vorüberlegungen zum Einsatz der Methode**

Sofern Ihre Sportler*innen Ursachen nicht spontan äußern, müssen Sie diese zunächst dazu anregen, um die Ursachenzuschreibungen verstärken oder abschwächen zu können. Das Arbeitsblatt 6.3 „Äußerung von Ursachenzuschreibungen anregen" kann Ihnen dabei eine Hilfe sein. Direkt nach der Äußerung einer Ursachenzuschreibung ist es sinnvoll, diese zu bestärken, wenn die Ursachenzuschreibung günstig ist beziehungsweise abzuschwächen und eine weitere Ursachensuche anzuregen, wenn die Ursachenzuschreibung ungünstig ist.

■ **Zielgruppe und Dauer**

Kinder, Jugendliche und Erwachsene; Dauer: ca. 2 Minuten

■ **Hinweise zur Durchführung**

Nachdem ein*e Sportler*in Ihnen gegenüber seine*ihre Ursachenzuschreibungen geäußert hat, sollten Sie darauf reagieren. Wenn die geäußerte Ursache eine günstige Ursache ist, verstärken Sie diese Ursachenzuschreibung, indem Sie den positiven Mehrwert der Ursachenzuschreibung hervorheben. Ist die geäußerte Ursache hingegen eine ungünstige Ursache, schwächen Sie diese Ursachenzuschreibung ab, indem Sie die*den Sportler*in dazu anregen, nach anderen, günstigeren Ursachen zu suchen. Die folgenden Formulierungshilfen können Ihnen dabei eine Hilfe sein.

Diese Formulierungen sind aber jeweils nur Beispiele. Passen Sie diese Aussagen auf Ihren Kontext an, um die Authentizität zu erhöhen.

- **Nutzen**

Sportler*innen sollen selbst günstige Ursachenzuschreibungen für eigene Erfolge und Misserfolge finden. Auch wenn Sportler*innen durch andere Ursachenzuschreibungsübungen bereits gelernt haben, was günstige und was ungünstige Ursachenzuschreibungen sind, ist es schwierig, seine eigenen, typischerweise getätigten Ursachenzuschreibungen, also seinen Ursachenzuschreibungs-Stil, direkt zu verändern. Vielmehr fällt man oft in alte Muster zurück. Wenn Sie günstige Ursachenzuschreibungen verstärken und ungünstige Ursachenzuschreibungen abschwächen, unterstützen Sie Ihre Sportler*innen darin, das gelernte Wissen auch anzuwenden.

6

Ursachenzuschreibungen verstärken und abschwächen – Kommentarbeispiele	
Günstige Ursachenzuschreibungen verstärken Günstige Ursachenzuschreibungen sind der Tendenz nach … • innerhalb der Person • zeitlich variabel • kontrollierbar • spezifisch	„Die von Dir gefundene Ursache _____ *(von dem*der Sportler*in geäußerte Ursache einfügen)* für Deinen Misserfolg … • wird Dir helfen, erneut Motivation zu finden." • ist eine günstige Ursache. Du wirst sehen, wenn Du an dieser Ursache arbeitest, werden sich bald Erfolge einstellen." • wird Dich darin bestärken weiter zu machen und nicht aufzugeben." • ist förderlich, da Du so einen Ansatzpunkt hast, an dem Du arbeiten kannst, um in Zukunft bessere Leistungen zu erzielen." • zeigt dir deinen Handlungsspielraum auf, um das nächste Mal wieder eine bessere Leistung zu zeigen." • ist sinnvoll. Du hast damit eine Ursache erkannt, an der du arbeiten kannst."
Ungünstige Ursachenzuschreibungen abschwächen Ungünstige Ursachenzuschreibungen sind der Tendenz nach … • außerhalb der Person • zeitlich stabil • nicht kontrollierbar • global	„Die von Dir gefundene Ursache _____ *(von dem*der Sportler*in geäußerte Ursache einfügen)* für Deinen Misserfolg … • solltest du nochmal überdenken. Bist Du sicher, dass der Misserfolg nicht vielleicht auch andere Ursachen haben kann?" • ist eine ungünstige Ursache. Denke nochmal nach, ob nicht auch andere Ursachen in Frage kommen!" • ist nicht sonderlich förderlich dafür, dass Du das nächste Mal Motivation aufbringen kannst. Dir fallen bestimmt noch andere Ursachen ein, wieso du dieses Mal eine (nicht) so gute Leistung erbringen konntest." • impliziert, dass Du nichts an Deiner Leistung ändern kannst. Es gibt aber bestimmt auch noch andere Ursachen, die du selbst in der Hand hast, um so deine Leistung positiv zu beeinflussen. Welche könnten das sein?" • ist nicht sonderlich bestärkend, um das nächste Mal wieder Kraft und Energie in die Zielerreichung zu stecken. Was für Ursachen fallen dir noch ein, auf die Du einen Einfluss hast und die Deine Leistung mitbestimmt haben?"

6.3 Arbeitsblatt: Äußerung von Ursachenzuschreibungen anregen

- **Ziel**

Dieses Arbeitsblatt gibt Ihnen Formulierungshilfen an die Hand. Diese haben das Ziel, die Sportler*innen dazu zu bringen, Ursachenzuschreibungen (welche häufig im Stillen gemacht werden) gegenüber Ihnen als Trainer*in laut zu äußern.

- **Vorüberlegungen zum Einsatz der Methode**

Dieses Arbeitsblatt kann angewendet werden, wenn Sportler*innen sich ihrer eigenen Ursachenzuschreibungen nicht bewusst sind oder Sie selbst als Trainer*in die Ursachenzuschreibungen Ihrer Sportler*innen kennenlernen wollen. Dabei bietet Ihnen dieses Arbeitsblatt Beispielformulierungen, wie Sie Sportler*innen in einem Vier-Augen-Gespräch dazu anregen können, Ursachenzuschreibungen zu äußern.

- **Zielgruppe und Dauer**

Kinder, Jugendliche und Erwachsene; Dauer: ca. 10 Minuten

- **Hinweise zur Durchführung**

Gerade wenn Sportler*innen einen Misserfolg erlebt haben, ist es für die Motivationsförderung wichtig, dass Sie die Ursachenzuschreibungen Ihrer Sportler*innen kennen. Suchen Sie in zeitlicher Nähe zum Misserfolg das Gespräch mit Ihren Sportler*innen (Achtung: Bei einem Misserfolg nach einem wichtigen Wettkampf kann es sein, dass Sportler*innen zunächst selbstwertdienliche Ursachen heranziehen und wenig offen für die Veränderung von Ursachenzuschreibung sind – siehe hierzu Kap. 9). Ein Gespräch unter vier Augen kann helfen, dass Sportler*innen ihre wahren Ursachenzuschreibungen äußern und nicht aus Scham oder aufgrund selbstdarstellerischer Tendenzen andere Ursachenzuschreibungen angeben als die, die sie tatsächlich annehmen. Ziel ist es, die wahren, persönlichen Ursachenzuschreibungen Ihrer Sportler*innen zu erfahren. Durch das Aussprechen der Ursachenzuschreibungen werden diese auch Ihren Sportler*innen explizit bewusst.

Wenn Ihre Sportler*innen nun Ihnen gegenüber ihre Ursachenzuschreibungen geäußert haben, können Sie günstige Ursachenzuschreibungen verstärken beziehungsweise ungünstige Ursachenzuschreibungen ansprechen und die Suche nach günstigeren anregen. Hierzu können Sie das Arbeitsblatt „Günstige Ursachenzuschreibungen verstärken und ungünstige abschwächen" (Abschn. 6.2) verwenden.

- **Varianten**

Eine Variante ist, in einer Situation, in denen vermutlich viele Sportler*innen nach Ursachen für Leistungsergebnisse suchen (beispielsweise nach einem Turnier), auch im Rahmen einer Gruppenübung, die Äußerung von Ursachenzuschreibungen anzuregen. Sie können Ihren Sportler*innen dann zum Beispiel den Auftrag geben, die Ursache bzw. Ursachen für ihren Erfolg oder Misserfolg in der Leistungssituation aufzuschreiben. Die im Folgenden aufgeführten Formulierungen können Ihnen dabei helfen, diesen Arbeitsauftrag zu formulieren.

Sie können die Formulierungen auch nutzen, um zu überprüfen, ob eine schon durchgeführte Maßnahme zur Veränderung von Ursachenzuschreibungen erfolgreich war. Bei Misserfolgen sollten die geäußerten Ursachenzuschreibungen der Tendenz nach innerhalb der Person, zeitlich variabel, kontrollierbar und spezifisch sein. Bei Erfolgen sollten die geäußerten Ursachenzuschreibungen der Tendenz nach innerhalb der Person, zeitlich stabil, kontrollierbar und global sein.

■ **Nutzen**

Nur wenn sich die Sportler*innen über ihre eigenen Ursachenzuschreibungen bewusst sind, können sie aktiv werden und selbst nach möglicherweise anderen, günstigeren Ursachenzuschreibungen suchen. Zudem können Sie als Trainer*in nur dann bei ungünstigen Ursachenzuschreibungen intervenieren, wenn Sie die Ursachenzuschreibungen Ihrer Sportler*innen kennen. Die folgenden Materialien helfen Ihnen, Sportler*innen zum Aussprechen von Ursachenzuschreibungen anzuregen und damit auch das Bewusstsein über getätigte Ursachenzuschreibungen zu fördern.

Formulierungshilfen – Äußerungen von Ursachenzuschreibungen anregen

1. Sprechen Sie den Misserfolg explizit an.

2. Sagen Sie Ihrem*Ihrer Sportler*in, dass sie an seiner*ihrer Sicht der Dinge interessiert sind.

3. Fragen Sie Ihre*n Sportler*in, welche Ursachen er*sie selbst für den Misserfolg sieht und notieren Sie sich diese Ursachen. Dabei können Sie sich an folgenden Beispielfragen orientieren. Versuchen Sie an dieser Stelle, noch keine Ursachenzuschreibungen nahezulegen.
   - „Die Übung hast Du nicht richtig ausgeführt. Kannst Du Dir vorstellen, woran das gelegen hat?"
   - „Du hast in diesem Turnier eine schlechtere Leistung als sonst erzielt. Was siehst Du als Ursache dafür?"
   - „Du hast bei der Ausführung der Technik Probleme. Kannst Du Dir vorstellen, warum Du dabei Probleme hast?"
   - „Versuche Dich zurück in die Situation zu versetzen, als Du versucht hast, diese Übung auszuführen. War da irgendetwas, was Dich bei der Ausführung gestört hat, was der Grund für das Misslingen gewesen sein könnte?"
   - „Du hast beim Turnier sehr nervös/unsicher gewirkt. Was glaubst Du, woran das lag?"

4. Fragen Sie Ihre*n Sportler*in, welchen Eigenschaften er*sie den geäußerten Ursachen zuschreibt (separat für jede einzelne Ursache) und notieren Sie sich diese Eigenschaften. Wichtig ist, dass sie alle vier Fragen zu jeder Ursache stellen:
   - Ist diese Ursache etwas, was für dich eher innerhalb oder eher außerhalb deiner Person liegt?
   - Ist diese Ursache etwas, was für dich eher zeitlich stabil ist oder etwas, das eher zeitlich variabel ist?
   - Ist die Ursache etwas, was für dich eher kontrollierbar ist oder eher unkontrollierbar?
   - Ist die Ursache etwas, was für dich nur bei spezifischen Aufgaben/Situationen passiert oder eher global/generell wirkt?

Ein gutes Beispiel sein: Modellierungstechnik

Inhaltsverzeichnis

Ergänzende Information Die elektronische Version dieses Kapitels enthält Zusatz-
material, das berechtigten Benutzern zur Verfügung steht. https://doi.org/10.1007/978-
3-658-32518-3_7

■ **Überblick – Was ist Modellierung?**

Die Modellierung ist eine Technik, um Ursachenzuschreibungen bei Sportler*innen zu verändern. Dabei wird mithilfe eines Vorbilds (als „Modell" bezeichnet, daher der Begriff der Modellierung) dargestellt, welche Ursachenzuschreibungen in einer Situation ungünstig und welche günstig sind. Zudem kann über ein Modell vermittelt werden, welche Folgen günstige und ungünstige Ursachenzuschreibungen für Motivation und Leistung haben. Mit der Modellierungstechnik kann daher besonders die Bedeutung der vier Ursachendimensionen Lokation, Stabilität, Kontrollierbarkeit und Globalität für die eigene Motivation und Leistung verdeutlicht werden.

■ **Aufbau und Inhalte der Materialien zur Modellierungstechnik**

Im Materialteil zur Modellierungstechnik gibt es insgesamt drei Arbeitsblätter:

7.1 Arbeitsblatt: Modellierung durch Erfahrungsberichte
7.2 Arbeitsblatt: Modellierung durch Rollenspiele
7.3 Arbeitsblatt: Selbstmodellierung durch Motivationssätze

Die Arbeitsblätter 7.1 bis 7.3 bieten sich insgesamt an, um Ursachenzuschreibungen und deren günstigen oder ungünstigen Folgen für Motivation und Leistung zu vermitteln. In diesem Kapitel finden sich Materialien für die drei Varianten der Modelldarbietung (Modellierung durch Erfahrungsberichte, Modellierung durch Rollenspiele, Selbstmodellierung). Es werden jeweils Anwendungshinweise und Schritt-für-Schritt-Anleitungen zur Umsetzung dieser Modellierungstechniken gegeben. Wenn Sie Veränderungen von Ursachenzuschreibungen bei Ihren Sportler*innen mithilfe der Modellierungstechnik anregen wollen, entscheiden Sie sich für die Variante, die am besten auf Ihren Anwendungskontext und zu Ihren verfügbaren Möglichkeiten passt.

7.1 Arbeitsblatt: Modellierung durch Erfahrungsberichte

■ **Ziel**

Die folgenden Leitfragen helfen Ihnen, eigene passende Erfahrungen zu erinnern, die Sie für die Modellierung mittels eines Erfahrungsberichts nutzen können. Die so erinnerten Erfahrungen berichten Sie Ihren Sportler*innen. Diese Erzählungen sollen den Sportler*innen als Beispiel für günstige und ungünstige Ursachenzuschreibungen dienen und ihnen aufzeigen, welche Konsequenzen mit diesen spezifischen Ursachenzuschreibungen einhergehen.

■ **Vorüberlegungen zum Einsatz der Methode**

Die Modellierung durch Erfahrungsberichte kann sowohl im Rahmen einer größeren Gruppe von Sportler*innen (z. B. im Mannschaftskontext oder auf einem Lehrgang) durchgeführt werden als auch in einem Einzelgespräch mit nur einem oder wenigen Sportler*innen. Die Anwendung der Methode bietet sich insbesondere dann an, wenn in einer Mannschaftssitzung oder in einem Einzelgespräch ein Misserfolg thematisiert wird. Dies könnte beispielsweise das Besprechen eines verlorenen Spieles oder eines Misserfolgs in einem zurückliegenden Wettkampf sein.

- ■ **Zielgruppe und Dauer**

Jugendliche und Erwachsene; Dauer: ca. 15 Minuten

- ■ **Hinweise zur Durchführung**

Die folgenden Leitfragen auf dem Arbeitsblatt *„Leitfragen zum Erinnern von Modellen zur Modellierung (Version für Trainer*innen)"* sind in zwei Hauptabschnitte gegliedert. Im ersten Abschnitt werden Sie darin unterstützt, Beispiele eines Modells mit *ungünstigen* Ursachenzuschreibungen zu erinnern. Im zweiten Abschnitt sollen Beispiele für ein Modell mit günstigen Ursachenzuschreibungen erinnert werden. Beantworten Sie die Leitfragen in Ruhe. Dabei sollen Sie sich an zwei Sportler*innen in bestimmten Situationen erinnern. Eine*r von ihnen hat dabei *ungünstige* Ursachenzuschreibungen und eine*r *günstige* Ursachenzuschreibungen gezeigt.

Wenn Sie dies erledigt haben, dann können die beiden von Ihnen erinnerten Sportler*innen im Anschluss als Modelle für die Modellierungstechnik dienen. Erzählen Sie Ihren Sportler*innen von diesen zwei Erfahrungen. Berichten Sie dabei zunächst von dem Modell mit den *ungünstigen* Ursachenzuschreibungen und anschließend von dem Modell mit den *günstigen* Ursachenzuschreibungen. Heben Sie dabei die konkreten Ursachenzuschreibungen hervor und legen Sie besonders Wert auf das Modellverhalten, das die günstige Ursachenzuschreibung an den Tag legt. Berichtete Ursachenzuschreibungen und das sich aus ihnen ergebende Trainings- und Leistungsverhalten bewirken insbesondere dann ein Umdenken bei Ihren Sportler*innen, wenn die Berichte authentisch sind. Sie sollten daher Ihre selbst erlebten Erfahrungen mit früheren Sportler*innen möglichst realitätsnah schildern.

In der Forschung zum Modelllernen hat sich gezeigt, dass es zum Erlenen von einem Modellverhalten sinnvoll ist, wenn die Modellperson der Person, die das Verhalten übernehmen soll, möglichst ähnlich ist. Somit kann es sinnvoll sein, die Modellperson vor dem Erfahrungsbericht zu beschreiben, also zum Beispiel persönliche Eigenschaften wie das Geschlecht oder besondere Charaktereigenschaften zu nennen. Es bietet sich an, dass die Modellperson die gleiche Sportart ausübt wie Ihre Sportler*innen. Wenn die von Ihnen erinnerten Personen sich sehr von Ihren Sportlern*innen unterscheiden, können Sie gegebenenfalls einige Eigenschaften anpassen, um eine höhere Ähnlichkeit zu erreichen. Dies bewirkt, dass der*die Sportler*in sich besser in die Person hineinversetzen kann. Für diese hier dargestellte Modellierungstechnik kann es nützlich sein, auch Elemente der Wissensvermittlung (siehe Kap. 5) mit einzubauen, um ein tieferes Verständnis der Sportler*innen von günstigen und ungünstigen Ursachenzuschreibungen zu bewirken.

Materialien: Für die Durchführung müssen die *„Leitfragen zum Erinnern von Modellen zur Modellierung (Version für Trainer*innen)"* und ggf. die *„Leitfragen zum Erinnern von Ursachenzuschreibungen (Version für Sportler*innen)"* ausgedruckt werden. Zudem werden Stifte benötigt.

■ **Varianten**

Eine Variante besteht darin, dass nicht Sie selbst die Erfahrungsberichte erinnern und wiedergeben, sondern dass Sie Sportler*innen bitten, eigene Erfahrungsberichte schriftlich zu verfassen. Wählen Sie hierzu Sportler*innen aus, die in der Vergangenheit bei einem konkreten Leistungsereignis einen Misserfolg erlebt haben. Die Sportler*innen sollen notieren, warum sie meinen, eine schlechte Leistung gezeigt zu haben und möglichst anschaulich schildern, wie sich diese Ursachenzuschreibungen dann im eigenen Empfinden und Verhalten niedergeschlagen haben. Verwenden Sie für diese Variante das Arbeitsblatt *„Leitfragen zum Erinnern von Ursachenzuschreibungen (Version für Sportler*innen)"*. Solche Erfahrungsberichte können Sie auch von einer großen Gruppe von Personen, etwa allen Spieler*innen einer Mannschaft, anfertigen lassen. Bei besonders anschaulichen und gut geeigneten Berichten können Sie nachträglich darum bitten, diese zukünftig als Erfahrungsbeispiele (Modelle) verwenden zu dürfen.

■ **Nutzen**

Die Modellierung dient dazu, Ihren Sportler*innen günstige Ursachenzuschreibungen beispielhaft näherzubringen und so in der Folge die Motivation Ihrer Sportler*innen zu fördern. Dies gelingt durch die Verwendung von authentischen Erfahrungsberichten oft besonders gut, weil die Sportler*innen eine hohe Ähnlichkeit zwischen sich und dem Modell feststellen.

Leitfragen zum Erinnern von Modellen zur Modellierung (Version für Trainer*innen)

Denken Sie an eine **Leistungssituation** zurück. Ziehen Sie dabei nicht nur die typischen Leistungssituationen wie wichtige Wettkämpfe in Betracht, sondern auch alltäglichere Situationen, die im Training stattfinden, wie das Einstudieren eines neuen Spielzuges oder Bewegungsablaufes.

1) *Modelle mit ungünstigen Ursachenzuschreibungen:* Erinnern Sie sich an eine*n Sportler*in, **der*die eine schlechte Leistung in dieser Situation erbracht hat** und **in nachfolgenden ähnlichen Leistungssituationen ebenfalls Misserfolge** erlebt hat.

    a. **Worauf** hat diese*r Sportler*in seine*ihre **schlechte Leistung zurückgeführt**? Hat der*die Sportler*in eine **ungünstige Ursache** (= außerhalb der Person liegend, zeitlich stabil, nicht kontrollierbar oder global) als Erklärung für die schlechte Leistung ausgemacht?

Wenn ja, welche Ursache genau wurde durch den*die Sportler*in benannt?	**Wenn nein**, überlegen Sie nochmals, ob Ihnen ein*e andere*r Sportler*in einfällt, der*die eine ungünstige Ursache als Erklärung für die schlechte Leistung ausgemacht hat?
_____ _____ _____	

    b. **Welche Auswirkungen hatte diese Ursachenzuschreibung für das folgende Verhalten** des*der Sportler*in?

        ➢   Hat der*die Sportler*in danach **Motivation aufbringen können**, das gewünschte Verhalten zu zeigen?

Wenn ja, überlegen Sie nochmals, ob die erinnerte Person wirklich nur ungünstige Ursachenzuschreibungen gefunden hat. Wurden auch günstige Ursachenzuschreibungen gemacht, erklärt dies die erneute Motivation. Diese Person ist damit allerdings kein gutes Modell für ungünstige Ursachenzuschreibungen. Versuchen Sie sich an eine Person zu erinnern, die lediglich ungünstige Ursachen der Situation zugeschrieben hat.	**Wenn nein**, haben Sie ein gutes Modell für ungünstige Ursachenzuschreibungen erinnert. Machen Sie mit den folgenden Fragen weiter.

➤   **Welches Verhalten wurde in der Folge** durch den*die Sportler*in **gezeigt?**

_____

_____

➤   **Wie hat sich dieses Verhalten auf die Leistung** des*der Sportler*in **ausgewirkt?**

_____

_____

2) *Modelle mit günstigen Ursachenzuschreibungen:* Erinnern Sie sich nun an eine*n Sportler*in, der*die **ebenfalls eine schlechte Leistung in dieser Situation erbracht hat**, aber **in nachfolgenden ähnlichen Leistungssituationen einen Erfolg** erlebte.

    a.　**Worauf** hat diese*r Sportler*in seine*ihre **schlechte Leistung zurückgeführt**? Hat der*die Sportler*in eine **günstige Ursache** (= innerhalb der Person liegend, zeitlich variabel, kontrollierbar oder spezifisch) als Erklärung für die schlechte Leistung ausgemacht?

Wenn ja, welche Ursache genau wurde durch den*die Sportler*in benannt? _____ _____ _____	**Wenn nein**, überlegen Sie nochmals, ob Ihnen ein*e andere*r Sportler*in einfällt, der*die eine günstige Ursache als Erklärung für die schlechte Leistung ausgemacht hat.

    b.　**Welche Auswirkungen hatte diese Ursachenzuschreibung für das folgende Verhalten** des*der Sportler*in?

        ➢　Hat der*die Sportler*in danach **erneut Motivation aufbringen können**, das von Ihnen gewünschte Verhalten zu zeigen?

Wenn ja, haben Sie ein gutes Modell für günstige Ursachenzuschreibungen erinnert. Machen Sie mit den folgenden Fragen weiter.	**Wenn nein**, überlegen Sie nochmals, ob die erinnerte Person wirklich nur günstige Ursachenzuschreibungen gefunden hatte. Wurden auch ungünstige Ursachenzuschreibungen gemacht, erklärt dies die fehlende Motivation. Diese Person ist damit allerdings kein gutes Modell für günstige Ursachenzuschreibungen. Versuchen Sie sich an eine Person zu erinnern, die der Situation lediglich günstige Ursachen zugeschrieben hat.

➤ **Welches Verhalten wurde in der Folge** durch den*die
Sportler*in **gezeigt?**

_____

_____

➤ **Wie hat sich dieses Verhalten auf die Leistung** des*der
Sportler*in **ausgewirkt?**

_____

_____

7

Mit diesen zwei Personen haben Sie gute Modelle erinnert, die Sie nachfolgend
nutzen können. Ein Modell zeigt ungünstige Ursachenzuschreibungen, das andere Modell günstige Ursachenzuschreibungen nach einem Misserfolg. Berichten
Sie nun Ihren Sportler*innen von diesen zwei Personen. Schildern Sie dabei die
Situation, für die die ungünstigen beziehungsweise günstigen Ursachen als Erklärung gefunden wurden und wie die Auswirkungen dieser Ursachenzuschreibungen waren. Schildern Sie somit, ob die Personen in späteren
Leistungssituationen erneut Motivation aufbringen konnten, zu welchem Verhalten dies in den späteren Leistungssituationen geführt hat und wie sich dies auf
die Leistung auswirkte.

Leitfragen zum Erinnern von Ursachenzuschreibungen (Version für Sportler*innen)

Denke an eine **Leistungssituation** zurück. Ziehe dabei nicht nur die typischen Leistungssituationen wie wichtige Wettkämpfe in Betracht, sondern auch alltäglichere Situationen, die im Training stattfinden, wie das Einstudieren eines neuen Spielzuges oder Bewegungsablaufes.

Erinnere Dich an eine Situation, in der Du eine schlechte Leistung gezeigt hast, also einen **Misserfolg** hattest.

1) Was glaubst Du, war die **Ursache** für Deine schlechte Leistung?
   Du kannst auch mehrere Ursachen nennen.

   _____

   _____

   _____

   _____

2) Welche **Auswirkungen** hatte diese Ursachenzuschreibung für Dein folgendes Verhalten? Denke hierzu über die folgenden Fragen nach:

   ➢ Hast Du danach **erneut Motivation aufbringen können**, Dich in ähnlichen Leistungssituationen anzustrengen?

   Ja ☐   Nein ☐

   ➢ Wie hast Du Dich in diesen ähnlichen Leistungssituationen **verhalten**?

   _____

   _____

   ➢ Haben sich Deine **Leistungen** daraufhin **verändert**? Wenn ja, wie?

   _____

   _____

   _____

7.2 Arbeitsblatt: Modellierung durch Rollenspiele

- **Ziel**

Rollenspiele bieten eine Möglichkeit der Modelldarstellung, bei der ein Modellverhalten sehr anschaulich vermittelt wird. Dadurch können sich Sportler*innen besser in die konkrete Situation hineinversetzen.

- **Vorüberlegungen zum Einsatz der Methode**

Die Modellierung durch Rollenspiele findet ihre Anwendung im Rahmen von Motivationstrainings einer größeren Gruppe von Sportler*innen. Die Methode kann dann verwendet werden, wenn sich in der Gruppe Sportler*innen befinden, die sich darauf einlassen, ein Rollenspiel vor der Gruppe aufzuführen. Ist dies nicht der Fall, ist es auch möglich, im Vorfeld mit anderen Sportler*innen das Rollenspiel aufzunehmen und als Video vorzuspielen. Möglicherweise finden Sie auch ein passendes Video (z. B. Interview eines*einer Sportler*in nach dem Wettkampf oder Pressekonferenz) im Internet.

7

- **Zielgruppe und Dauer**

Besonders geeignet für jüngere Sportler*innen, aber auch Jugendliche und Erwachsene; Dauer Vorbereitung: ca. 15 Minuten; Dauer Durchführung: ca. 5 Minuten

- **Hinweise zur Durchführung**

Im ersten Rollenspiel finden sich Wortlücken, mit denen Sie das Rollenspiel auf Ihren Kontext anpassen können. Zum Ausfüllen der Lücken mit passenden Begriffen kann Ihnen die Tab. 3.1 in Abschn. 3.2 oder das Arbeitsblatt „Handout zu Ursachenzuschreibungen" in Abschn. 5.5 eine Hilfe sein. Das zweite Rollenspiel ist komplett ausformuliert und benötigt keine weitere Anpassung. Bevor eines der Rollenspiele aufgeführt wird, sollten die Sportler*innen den Arbeitsauftrag erhalten, das Verhalten der Rollenspielenden genau zu beobachten und dabei besonders darauf zu achten, welche Ursachen für bestimmte Leistungen genannt werden und welche Folgen die Ursachenzuschreibungen haben. Nach Ende des Rollenspiels sollten Sie mit Ihren Sportler*innen die Ursachenzuschreibungen und die Folgen besprechen. Sie können hierzu auf das Arbeitsblatt „Handout zu Ursachenzuschreibungen" aus Abschn 5.5 zurückgreifen. Es ist empfehlenswert, einzelne Eigenschaften oder den Sprachstil der Personen im Rollenspiel individuell anzupassen, damit sowohl die Ähnlichkeit der dargestellten Personen zu Ihren Sportler*innen erhöht wird, als auch die dargestellte Situation dem Kontext entspricht, in der die Veränderung der Ursachenzuschreibung stattfinden soll.

Materialien: Für die Durchführung sollte das *Skript für ein Rollenspiel* für die Sportler*innen, die das Rollenspiel vorführen, ausgedruckt werden.

■ **Varianten**

Basierend auf den in Abschn. 7.1 befindlichen Leitfragen können Sie Ihr eigenes Rollenspiel entwerfen. Ein daraus entstehendes Skript können Sie als Rollenspiel von zwei Sportler*innen aufführen lassen. Die Rollenspiele (sowohl die selbst erstellten als auch die hier vorgestellten Rollenspielentwürfe) können live durch Sportler*innen der Sportlergruppe vorgespielt oder in Form eines zuvor gedrehten Videos gezeigt werden.

Ein Beispiel für ein Rollenspiel im Bildungskontext findet sich in englischer Sprache unter folgender URL https://www.youtube.com/watch?v=54Wm1L0kwJk (Attributional Retraining = Maßnahme zur Veränderung von Ursachenzuschreibungen).

■ **Nutzen**

Sportler*innen erhalten ein anschauliches, leicht verständliches Beispiel der Bedeutung von Ursachenzuschreibungen für ihre Motivation.

Skript für ein Rollenspiel (1)

Einführung:

Im folgenden Rollenspiel spielen zwei Personen mit. Sie sind Freunde und unterhalten sich über

ihre vergangene Leistung in _____ (*relevanter Leistungskontext*).

Rollenspiel:

A: _____ (*Name von B*), wie war es in _____

(*relevanter Leistungskontext, z. B. Wettkampf/Training*) eigentlich bei dir?

B: Es war eigentlich ganz gut. Und bei dir?

A: Ach, weißt du, es ist immer das Gleiche. Ich kann _____(*relevante*

Leistung, z. B. Spielzug, Technik) einfach nicht. Mir fehlen einfach die Fähigkeiten und

ich habe das Gefühl, dass ich das auch nicht lernen kann.

B: Das kann ich mir nicht vorstellen, dass es an deinen Fähigkeiten liegt. Wie hast du denn

für _____ (*relevanter Leistungskontext*) trainiert?

A: Ehrlich gesagt habe ich nur _____ (*passende*

Art der ungenügenden/strategisch falschen Vorbereitung eintragen). Ich weiß ja, dass

sich die Mühe nicht lohnt. Da kann ich mich auch nicht motivieren, mich hier mehr

vorzubereiten.

B: Naja, wenn ich nur das gemacht hätte, wäre ich vermutlich auch schlecht gewesen. Von

alleine läuft das natürlich nicht. Aber mit den richtigen Strategien und etwas mehr

investierter Zeit wird das beim nächsten Mal schon was werden.

A: Du verstehst das nicht, sonst habe ich ja auch mehr trainiert. Aber es ist immer das

Gleiche, auch wenn ich mehr trainiere, bin ich schlecht. Es liegt an mir, also wird es

immer so bleiben.

B: Nein, _____ (*Name von A*), so solltest du das nicht sehen. Es gibt

tausende   von   Erklärungen,   weshalb   es   trotz   Training   nicht   klappt.

_____

_____

_____ (*mögliche Gründe einfügen. Bsp.: Zum Beispiel bist du das eine*

Mal an deine zeitliche Planung des Trainings falsch herangegangen und deshalb hat dir

am Ende Zeit zum Einüben gefehlt. Ein anderes Mal hast du versucht trotz einer

Verletzung weiter zu trainieren, obwohl eine kurze Pause besser gewesen wäre. Und

wieder ein anderes Mal konntest du dich vielleicht nicht so gut konzentrieren, weil du mit deinen Gedanken nicht beim Wettkampf warst.) Dass es bisher nicht gut lief, heißt also nicht, dass es ausschließlich an dir liegt und du auch weiterhin schlecht bleiben wirst.

A: Du hast gut reden.

B: Es ist wichtig, dass du siehst, dass es viele verschiedene Gründe gibt, warum _____ (*relevanter Leistungskontext*) vielleicht nicht gut lief.

A: Und was habe ich davon? An der Tatsache ändert es doch trotzdem nichts.

B: Naja, jetzt ruf dir nochmal ins Gedächtnis, wie du dich auf _____ (*relevanter Leistungskontext*) vorbereitet hast. Du hast selbst gesagt, dass du dich eigentlich kaum vorbereitet hast. Wenn du weiterhin denkst, dass es an dir liegt und du in _____(*Leistungskontext*) einfach schlecht bist, wie willst du dich auf die nächste _____ (*relevanter Leistungskontext*) ausreichend vorbereiten?

A: Naja, wieder kaum.

B: Und was denkst du, wie wird _____ (*relevanter Leistungskontext*) dann laufen?

A: So wie immer, schlecht.

B: Dann wird sich nichts ändern. Aber wenn du erkennst, dass es an anderen von dir selbst beeinflussbaren Umständen liegt, die sich dann wiederum auf deine Leistung auswirken, dann bist du wieder motiviert und trainierst beim nächsten Mal mehr. Und dann wirst du sehen, dass es nicht immer schlecht laufen muss, sondern sich deine Leistung verbessert, auch wenn es vielleicht trotzdem nicht immer gut laufen wird. Vorletztes Mal lief es bei mir zum Beispiel auch nicht gut, dieses Mal aber schon.

A: Ja, ich verstehe schon, was du meinst. Es stimmt auch, ich konnte mich im letzten Training vor _____ (*relevanter Leistungskontext*) einfach nicht konzentrieren, vielleicht lag es auch mit daran, dass ich so schlecht war.

B: Und das muss beim nächsten Mal nicht wieder so sein. Vor allem kannst du dich bestimmt auch besser konzentrieren, wenn du dich besser vorbereitet fühlst und nicht schon erwartest, dass es nicht gut gehen wird. Dann lenken dich deine Gedanken weniger ab.

A: Du hast Recht, vielleicht kann ich mein Verhalten und dadurch auch meine Leistung ändern! Nächstes Mal werde ich spezifischer trainieren und dann läuft es vermutlich besser.

Skript für ein Rollenspiel (2)

Einführung:

Im Folgenden Rollenspiel spielen zwei Personen mit. Sie sind Freunde und unterhalten sich nach einem Wettkampf über ihre soeben erbrachten Leistungen. Zudem suchen sie nach möglichen Ursachen für ihre Leistungen.

Rollenspiel:

A: Wie lief der Wettkampf bei dir? Bist du mit deiner Bodenkür zurechtgekommen?

B: Ja, es war ganz gut. Ich konnte zwar nicht alle Übungen einwandfrei turnen, aber doch den Großteil. Wie lief es bei dir?

A: Bei mir lief es wieder mal nicht so gut. Es ist doch immer das Gleiche. Ich kann das einfach nicht. Mir fehlen einfach die Fähigkeiten und ich habe das Gefühl, dass ich das auch nicht einüben kann.

B: Das Gefühl kenne ich. Du weißt ja, dass ich auch oft mitunter schlechte Wettkämpfe turne. Ich dachte immer, dass ich einfach nicht gut genug bin. Aber nachdem ich mit meinem Bruder darüber gesprochen habe, ist mir klar geworden, dass meine schlechten Wettkämpfe auch andere Gründe haben könnten.

A: Wirklich? Was glaubst du denn, könnte deine schlechte Leistung sonst verursacht haben?

B: Ich denke, ich habe mich einfach nicht gut genug vorbereitet. Mein Bruder investiert immer viel mehr Zeit in die Vorbereitung eines Wettkampfes und dies zeigt sich auch in besseren Leistungen. Außerdem glaube ich, gehe ich an das Training falsch heran. Ich habe dieses Mal eine andere Strategie zum Trainieren verwendet und konnte dadurch die Übungen viel besser als das letzte Mal.

A: Mmh, ich habe auch nicht sonderlich viel trainiert. Es bringt ja aber auch sowieso nichts. Auch wenn ich mehr trainiere, bin ich schlecht. Meine Fähigkeiten kann ich nun mal nicht ändern. Und daher habe ich auch keine Motivation, mich im Training mehr anzustrengen.

B: Du hast Recht. Die eigenen Fähigkeiten kann man vielleicht nicht so gut beeinflussen. Aber deine Herangehensweise an das Training kannst du durchaus selbst beeinflussen. Du könntest zum Beispiel das nächste Mal versuchen, intensiver die Übungen vor dem Wettkampf durchzugehen und die Kür mehrmals komplett am Stück zu üben. Wenn du immer nur Teilaspekte übst und dich dabei nicht richtig konzentrierst, ist es kein Wunder, wenn du diese auch im Wettkampf nicht sauber durchführst.

A: Ja okay, und bei dir hat es ja jetzt auch funktioniert.

B: Genau, ich habe jetzt erkannt, dass ich meine Leistungen durch meine Anstrengungen und durch die passende Herangehensweise im Training selbst beeinflussen kann. Dadurch, dass ich dies als Problem nach dem letzten Wettkampf erkannt habe, war ich bei der Vorbereitung auf den heutigen Wettkampf viel motivierter, intensiv zu trainieren und war auch zuversichtlich, dass ich es schaffen kann. Und dies hat sich jetzt auch im Wettkampf gezeigt. Ich bin mir sicher, dass ich eine gute Bewertung der Wertungsrichter*innen bekomme und weit oben in der Gesamtwertung lande.

A: Da könntest du schon recht haben. Mir war schon vor dem Wettkampf klar, dass ich nicht gut sein werde. Aber wenn ich mich das nächste Mal besser vorbereite und vielleicht mal eine andere Art des Trainings ausprobiere, könnte ich vielleicht zumindest ein Stück weit besser werden. Wenn ich mir das so überlege, stimmt mich dies viel zuversichtlicher auf den nächsten Wettkampf ein als meine Gedanken an mangelnde Fähigkeiten.

B: Siehst du, das ist doch schon einmal ein Anfang. Dies wird sich bestimmt auch positiv auf deine Leistung im nächsten Wettkampf auswirken.

7.3 Arbeitsblatt: Selbstmodellierung durch Motivationssätze

- **Ziel**

Dieses Arbeitsblatt soll Sie dabei unterstützen, Motivationssätze für Ihre Sportler*innen zu generieren. Motivationssätze können Sportler*innen helfen, ihre Leistungen auf günstige Ursachen zurückzuführen, um mehr Motivation im Training oder Wettkampf aufzubringen und diese aufrecht zu erhalten.

- **Vorüberlegungen zum Einsatz der Methode**

Diese Methode lässt sich sowohl auf einzelne Sportler*innen als auch auf Gruppen anwenden. Diese Methode ist dann besonders effektiv, wenn Ursachenzuschreibungen einzelner Sportler*innen nicht öffentlich (also vor der gesamten Gruppe) angesprochen werden sollen. Dies kann z. B. der Fall sein, wenn es unangenehm für den*die Sportler*in ist, darauf angesprochen zu werden oder wenn es den*die Sportler*in bloßstellen könnte.

- **Zielgruppe und Dauer**

Kinder, Jugendliche und Erwachsene; Dauer: ca. 15 Minuten

- **Hinweise zur Durchführung**

Zunächst generieren Sie mit Hilfe dieses Arbeitsblattes Motivationssätze für Ihre Sportler*innen. Haben Sie die Motivationssätze generiert, besprechen Sie diese mit Ihren Sportler*innen. Die Sportler*innen sollen sich die Sätze sowohl vor als auch während des Trainings oder Wettkampfes vorsagen, um so ihre aktuelle Motivation zu fördern. Zudem sollen sie sich die Sätze auch nach Abschluss des Trainings oder Wettkampfes vorsagen, um so günstige Ursachenzuschreibungen für mögliche Erfolge oder Misserfolge zu festigen. Es kann hilfreich sein, wenn sich die Sportler*innen die Sätze aufschreiben und an für Sie relevanten Orten ablegen oder aufhängen, zum Beispiel als kleiner Zettel in der Sporttasche oder als Post-it gut sichtbar bei sich zu Hause. Dadurch werden sie regelmäßig an ihre Selbstmodellierungssätze erinnert und können diese dadurch besser verinnerlichen. Beobachten Sportler*innen an sich selbst, dass der Einsatz von motivierenden Selbstanweisungen ihre Leistung fördert, erhöht dies noch zusätzlich die Nutzung dieser Selbstanweisungen.

Materialien: Zur Durchführung sollten die *„Leitfragen zum Generieren von Sätzen zur Selbstmodellierung"* ausgedruckt werden. Zudem werden Stifte benötigt.

- **Varianten**

Die Wirkung der Methode kann durch Elemente der Psychoedukation (Kap. 5) unterstützt werden. Durch die Wissensvermittlung im Rahmen der Psychoedukation erlangen Sportler*innen eine Einsicht in den Sinn und die Folgen der

Ursachenzuschreibungen, welche in den Motivationssätzen formuliert sind. Dies kann die Nutzungswahrscheinlichkeit der Motivationssätze erhöhen.

Zudem können Sie als Trainer*in Ihre Sportler*innen loben, wenn diese die Methode der Selbstmodellierung nutzen. Dies erhöht die Verwendungswahrscheinlichkeit der Methode durch Ihre Sportler*innen.

Bei älteren Sportler*innen ist es vorteilhaft, wenn die Sportler*innen ihre Motivationssätze selbst formulieren. Sie können ältere Sportler*innen dazu anregen, dies zu tun.

Sie können die Motivationssätze auch nutzen, um Ihren Sportler*innen Feedback zu geben. Mit diesem Feedback können Sie ein erwünschtes gezeigtes Verhalten gezielt verstärken oder ein unerwünschtes gezeigtes Verhalten gezielt abschwächen. Das Feedback kann mündlich oder schriftlich gegeben werden. Um gewünschtes Verhalten zu verstärken, sollten Ursachen angeführt werden, die den Sportler*innen das Gefühl geben, dass sie dieses Verhalten immer wieder zeigen können (d. h. innerhalb der Person liegende, zeitlich stabile, kontrollierbare oder globale Ursachen). Um unerwünschtes Verhalten abzuschwächen, sollten Ursachen angeführt werden, die den Sportler*innen das Gefühl geben, dass sie dieses Verhalten verändern können (d. h. innerhalb der Person liegende, zeitlich variable, kontrollierbare oder spezifische Ursachen).

■ **Nutzen**

Motivationssätze können Ihre Sportler*innen dabei unterstützen, günstige Ursachenzuschreibungen zu erinnern und so die Motivation in Leistungssituationen aufrechtzuerhalten. Dadurch, dass sich die Sportler*innen selbst immer wieder während und nach Abschluss des Trainings oder des Wettkampfes bei der Beurteilung des Erfolgs oder Misserfolgs eine bestimmte günstige Ursachenzuschreibung vorsagen, werden Sportler*innen zu ihrem eigenen Vorbild. Durch die Verwendung motivierender Selbstanweisungen und die Beobachtung von positiven Effekten in ihrer Anwendung erleben die Sportler*innen, dass sie ihre eigene Motivation gezielt beeinflussen können.

Leitfragen zum Generieren von Sätzen zur Selbstmodellierung

Teil 1: Finden von Gründen, die einen Misserfolg/Erfolg in dem relevanten Leistungskontext begünstigen

Erinnern Sie eine typische Leistungssituation in dem für Sie relevanten Leistungskontext (z. B. das Ausführen eines bestimmten Spielzuges / einer bestimmten Bewegung im Training oder auf dem Wettkampf). Stellen Sie sich vor, dass ein*e Sportler*in in dieser Leistungssituation einen Misserfolg erlebt hat. *Welche innerhalb der Person liegenden, über die Zeit variablen, kontrollierbaren oder spezifischen Ursachen können für einen Misserfolg in dieser Situation verantwortlich sein?* Zur Beantwortung dieser Frage kann es auch nützlich sein, sich zu überlegen, welches Verhalten zu einem Erfolg führen würde. Nehmen Sie sich Zeit, nach plausiblen Ursachen für den Misserfolg zu suchen. Notieren Sie sich diese Ursachen:

_____

_____

_____

_____

_____

Teil 2: Generierung von Motivationssätzen

Anhand der in Teil 1 generierten innerhalb der Person liegenden, über die Zeit variablen, kontrollierbaren oder spezifischen Ursachen für einen Misserfolg können nun Motivationssätze generiert werden. Beantworten Sie dazu zunächst folgende Frage: *Welches Verhalten kann durch Sportler*innen gezeigt werden, um einen Misserfolg zu vermeiden und so einen Erfolg zu erzielen?* Versuchen Sie diese Verhaltensweisen anhand der Ursachen abzuleiten, die Sie in Teil 1 dieses Arbeitsblattes gefunden haben.

_____

_____

_____

_____

_____

Formulieren Sie nun anhand dieser für einen Erfolg förderlichen Verhaltensweisen Motivationssätze. Fassen Sie dazu in einem präzisen Satz zusammen, was Sportler*innen tun können, um ihre Leistungen zu beeinflussen, also welches Verhalten gezeigt werden soll, um einen Erfolg zu erreichen bzw. einen Misserfolg zu vermeiden. Formulieren Sie diese Sätze in ICH-Form für Ihre Sportler*innen. Da Motivationssätze zu drei verschiedenen Zeitpunkten (während des Trainings oder des Wettkampfes, nach einem Erfolg, nach einem Misserfolg) relevant werden können, versuchen Sie die Sätze spezifisch für diese Situationen zu formulieren. Je spezifischer die Motivationssätze der Situation angepasst werden, desto größer ist ihre motivierende Wirkung.

Tipp: Zum besseren Verständnis, wie genau solche Sätze zur Selbstmodellierung aussehen können, sind weiter unten einige **Beispiele** aufgelistet.

a) Selbst-Aussagen während des Trainings oder Wettkampfes

_____

_____

_____

_____

_____

b) Selbst-Aussagen zum Umgang mit Erfolg (innerhalb der Person liegende, zeitlich stabile, kontrollierbare oder globale Ursachen)

_____

_____

_____

_____

_____

c) Selbst-Aussagen zum Umgang mit Misserfolg (innerhalb der Person liegende, zeitlich variable, kontrollierbare oder spezifische Ursachen)

_____

_____

_____

_____

_____

Beispiele für Motivationssätze

a) Selbst-Aussagen während des Trainings oder des Wettkampfes

- Ich kann eine gute Leistung erzielen, …
  - ➤ wenn ich meine Vorbereitung auf den Wettkampf plane.
  - ➤ wenn ich eine Trainingsstrategie einsetze, die auf den Wettkampf abgestimmt ist.
  - ➤ wenn ich den Spielzug oder den Bewegungsablauf regelmäßig trainiere.
  - ➤ wenn ich mich genug anstrenge.
  - ➤ wenn ich konzentriert bin.
  - ➤ wenn ich an mich glaube.
  - ➤ wenn ich mich auf außergewöhnliche Umstände vorbereite.
  - ➤ …

- Ich lasse mich von Misserfolgen nicht verunsichern, …
  - ➤ weil ich meine Leistung selbst in der Hand habe.
  - ➤ weil es eine Ausnahme war.
  - ➤ weil ich bewusst dagegen steuern kann.
  - ➤ weil ich es beim nächsten Mal besser mache.
  - ➤ weil ich mich nicht gut genug vorbereiten konnte.
  - ➤ weil ich unkonzentriert war.
  - ➤ …

b) Selbst-Aussagen zum Umgang mit Erfolg (innerhalb der Person liegende, zeitlich stabile, kontrollierbare oder globale Ursachen)

- Ich habe den Wettkampf erfolgreich abgeschlossen, … / Ich habe eine gute Leistung gezeigt, …
  - ➤ weil ich die Begabung dafür habe.
  - ➤ weil ich mich gut vorbereitet habe.
  - ➤ weil ich es einfach kann.
  - ➤ weil ich eine gute Strategie verwendet habe.
  - ➤ weil ich immer, wenn es darauf ankommt, gute Leistung zeige.
  - ➤ weil ich an mich selbst geglaubt habe.
  - ➤ …

c) Selbst-Aussagen zum Umgang mit Misserfolg (innerhalb der Person liegende, zeitlich variable, kontrollierbare oder spezifische Ursachen)

- Ich habe den Wettkampf nicht erfolgreich abgeschlossen, … / Ich habe keine gute Leistung gezeigt, …
    - ➢ weil ich mich nicht ausreichend vorbereitet habe.
    - ➢ weil ich zu wenig trainiert habe.
    - ➢ weil ich nicht konzentriert genug war.
    - ➢ weil die äußeren Rahmenbedingungen ungünstig waren.
    - ➢ weil ich mich heute etwas krank gefühlt habe.
    - ➢ weil das Wetter schlecht war.
    - ➢ …
- Ich werde beim nächsten Mal besser abschneiden, …
    - ➢ weil ich mich besser vorbereiten werde.
    - ➢ weil ich mehr trainieren werde.
    - ➢ weil ich mich mehr konzentrieren werde.
    - ➢ weil dann die Rahmenbedingungen günstiger sein werden.
    - ➢ weil ich dann fitter bin.
    - ➢ weil bessere Wetterbedingungen sein werden.
    - ➢ …

Realistische Ursachen finden: Beobachtungsinformationen

Inhaltsverzeichnis

Ergänzende Information Die elektronische Version dieses Kapitels enthält Zusatz-
material, das berechtigten Benutzern zur Verfügung steht. https://doi.org/10.1007/978-
3-658-32518-3_8

- **Überblick – Was sind Beobachtungsinformationen?**

Wenn Sportler*innen überlegen, welche Ursachen einem bestimmten Leistungs-ergebnis zugrunde liegen, kommen sie unter anderem zu Ursachenzuschreibungen, wenn sie beobachten, inwieweit bestimmte Ereignisse gemeinsam mit bestimmten anderen Faktoren variieren. Wie in Abschn. 2.2.1 beschrieben können Variationen über Personen, über die Zeit und über verschiedene Situationen betrachtet werden. Die Variation des Ereignisses *über die Personen* bezieht sich auf die Frage, ob ein bestimmtes Ereignis in einer bestimmten Situation nur bei einer bestimmten Person oder auch bei mehreren anderen Personen auftritt. Die Variation des Ereig-nisses *über die Zeit* bezieht sich auf die Frage, ob das Verhalten einer bestimmten Person in einer bestimmten Situation nur zu einem bestimmten Zeitpunkt oder auch zu anderen Zeitpunkten auftritt. Die Variation des Ereignisses *über die Situ-ation* bezieht sich auf die Frage, ob das Verhalten einer bestimmten Person nur in einer bestimmten Situation oder auch in anderen Situationen auftritt. Der Begriff der Situation kann sich hierbei auf jegliche Situationen wie beispielsweise ver-schiedene Orte, Aufgaben, Anlässe oder Interaktionspartner*innen beziehen. In Abb. 8.1 werden diese drei Arten der Variationen illustriert.

Die Beobachtung der Variation von bestimmten Ursachen mit bestimmten Er-eignissen ist von großer Bedeutung für die Bildung von realistischen Ursachen-zuschreibungen. Daher bieten Materialien, die die Beobachtung von Variationen von Ursachen mit Ereignissen über Personen, Zeitpunkte und Situationen anleiten, eine gute Möglichkeit, die eigenen Ursachenzuschreibungen kritisch zu reflektieren und die Bildung realistischer Ursachen anzuregen.

- **Aufbau und Inhalte der Materialien zu Beobachtungsinformationen**

Im Materialteil zu Beobachtungsinformationen gibt es insgesamt drei Arbeitsblätter:
8.1   Arbeitsblatt: Informationen sammeln und verstehen
8.2   Arbeitsblatt: Realistische Ursachenzuschreibungen finden
8.3   Arbeitsblatt: Variationen beobachten und zurückmelden

Das 8.1 Arbeitsblatt ist besonders für jüngere Sportler*innen geeignet und am zeit-intensivsten. Das 8.2 Arbeitsblatt eignet sich hingegen eher für ältere Sportler*in-nen (ab ca. 14 Jahren). Das 8.3 Arbeitsblatt ist für alle Altersgruppen geeignet. Die Arbeitsblätter können unabhängig voneinander bearbeitet werden, es muss also keine spezifische Reihenfolge eingehalten werden.

Variation des Ereignisses über Personen

Variation des Ereignisses über die Zeit

Variation des Ereignisses über Situationen

◻ **Abb. 8.1**   Illustration der Kategorien von Beobachtungen – Variation des Ereignisses über Perso-nen, die Zeit und Situationen

8.1 Arbeitsblatt: Informationen sammeln und verstehen

■ **Ziel**

Um sich ein realistisches Bild der Ursachen von Ereignissen zu machen, ist es oft notwendig Informationen einzuholen. Anhand dieses Arbeitsblattes sollen Sportler*innen üben, sich Beobachtungsinformationen einzuholen und anhand dieser Informationen realistische Schlüsse über Ursachenzuschreibungen abzuleiten.

■ **Vorüberlegungen zum Einsatz der Methode**

Die Methode arbeitet in spielerischer Form mit den Leistungsergebnissen einer fiktiven „Person X". Entsprechend kann sie unter anderem in Settings angewendet werden, in denen Sportler*innen sich noch nicht gut kennen oder nicht untereinander über ihre wirklichen Leistungen sprechen können oder wollen. An der Durchführung müssen mehrere Sportler*innen teilnehmen. Die Methode eignet sich daher für die Durchführung in einem Gruppen-/Mannschaftskontext.

■ **Zielgruppe und Dauer**

Aufgrund des spielerischen Charakters besonders geeignet für jüngere Sportler*innen (Voraussetzung: die Sportler*innen können lesen, schreiben und korrekte Schlüsse aus Informationen ziehen), aber auch für Jugendliche und Erwachsene kann die Übung geeignet sein; Dauer: ca. 45 Minuten

■ **Hinweise zur Durchführung**

Jede teilnehmende Person erhält eines der Kärtchen „*Die Laufzeiten von Person X*". Zu diesem Zweck werden die Kärtchenvorlagen kopiert und zerschnitten. Die „*Anleitung zur Übung ‚Informationen sammeln und verstehen'*" beinhaltet den genauen Ablauf der Übung und wird ebenfalls ausgeteilt. Ihre Aufgabe als Trainer*in ist es, die Sportler*innen bei der Übung anzuleiten: Die Schritte 1 bis 3 werden in Stillarbeit durchgeführt. Setzen Sie Ihren Sportler*innen hierfür ein realistisches Zeitlimit. Die Schritte 4 und 5 können Sie koordinieren, in dem Sie vorgeben, nach welchen Kriterien die Sportler*innen ihre Gesprächspartner*innen auswählen und wann sie diese wechseln sollen. Im Anschluss ist eine kurze Diskussion in der Gesamtgruppe sinnvoll, in der einige Sportler*innen vorstellen können, was sie für Informationen gesammelt und welche Schlüsse sie daraus gezogen haben. Dadurch können Sie überprüfen, ob insgesamt sinnvolle Schlüsse erfolgt sind. Ziel ist es, dass die Sportler*innen feststellen, dass die verschiedenen Einflussfaktoren (Person, Zeit, Situation) die Leistung beeinflussen und Leistung daher variabel ist.

Materialien: Zur Durchführung müssen die „*Anleitung zur Übung ‚Informationen sammeln und verstehen'*", die „*Übung: Informationen sammeln und verstehen*" und die Kärtchenvorlagen ausgedruckt werden. Die Kärtchenvorlagen müssen zudem zurechtgeschnitten werden und es werden Stifte benötigt.

- **Varianten**

Anstatt der Methode der Informationssammlung im direkten Dialog zwischen zwei Sportler*innen kann das Zusammentragen der Informationen auch in der Gesamtgruppe gemeinsam an einer Tafel/Whiteboard/Flipchart erfolgen. Hierdurch wird eine mögliche Fehlinterpretation der Sportler*innen vermieden.

Außerdem kann die Übung auch nach einer realen Leistungssituation (z. B. einem stattgefundenen Wettkampf) mit den realen Leistungsergebnissen durchgeführt werden. Allerdings sollten die Sportler*innen damit einverstanden sein, ihre Ergebnisse mit anderen zu teilen.

- **Nutzen**

Sportler*innen verstehen, wie sie Informationen erhalten, die für eine realistische Ursachenzuschreibung notwendig sind und lernen diese Information richtig zu interpretieren. Sie führen sich vor Augen, dass Leistung in der Regel viele verschiedene Ursachen haben kann.

Anleitung zur Übung „Informationen sammeln und verstehen"

1. Du erhältst gleich ein Kärtchen. Lies Dir Dein Kärtchen mit den fiktiven Ergebnissen der Person X durch. Zur Information: Laufzeiten auf 5 km unterteilen wir für diese Übung wie folgt (aus Anschaulichkeitsgründen wurden die Werte gerundet):
   - 15–20 Minuten: sehr gute Leistung
   - 20–25 Minuten: gute Leistung
   - 25–30 Minuten: befriedigende Leistung
   - 30–35 Minuten: schlechte Leistung
   - 35–40 Minuten: sehr schlechte Leistung

2. Überlege Dir basierend auf diesen Informationen, was Du über die Leistung von Person X weißt. Beantworte hierzu die Fragen auf dem Kärtchen, indem Du die entsprechenden Felder ankreuzt. Du kannst auch mehrere Felder ankreuzen.

3. Schau dir die Übung **„Informationen sammeln und verstehen"** an. Notiere dort unter **Antworten (1)** die Antworten auf die **Fragen (1)**.

4. Sobald alle mit Schritt 1 bis 3 fertig sind, gehe durch den Raum und suche Dir eine*n Gesprächspartner*in. Wirf einen Blick auf deren Kärtchen mit Information über dessen „Person X". Unterhalte Dich mit Deinem*Deiner Gesprächspartner*in über die auf dem Arbeitsblatt gelisteten **Fragen (2)**. Notiere Deine neuen Erkenntnisse in der Tabelle unter **Antworten (2)**.

5. Wechsle Deine*n Gesprächspartner*in noch ca. drei weitere Male und notiere die neuen Informationen ebenfalls.

6. Kehre auf Deinen Sitzplatz zurück und fülle die **Fazit**-Kategorie des Arbeitsblattes aus.

7. Vergleiche Dein Fazit mit Deinen Überlegungen zuvor, die Du in Bezug auf Person X zuerst hattest. Fülle hierzu die Kategorie „**Wer/Was kann Leistung beeinflussen?**" des Arbeitsblattes aus.

Übung: Informationen sammeln und verstehen

Informations-kategorie	Personen	Zeit	Situationen
Fragen (1)	X	Hatte Deine Person X im vorletzten Wettkampf die gleiche Zeit wie im letzten?	Hatte Deine Person X im Wettkampf eine andere Zeit als im Training?
Antworten (1)	Hier musst du nichts eintragen.	_____	_____
Fragen (2)	Hatten andere Personen X die gleiche Zeit im letzten Wettkampf wie Deine Person X?	Wie ist das bei anderen, hatten deren Personen X im vorletzten Wettkampf die gleiche Zeit wie im letzten?	Wie ist das bei anderen, hatten deren Personen X andere Zeit im Wettkampf als im Training?
Antworten (2)	_____	_____	_____
Fazit	☐ Alle haben die gleichen Zeiten. ☐ Laufzeiten können sich zwischen Personen unterscheiden.	☐ Laufzeiten bleiben immer gleich. ☐ Laufzeiten können sich über die Zeit verändern.	☐ Laufzeiten sind im Wettkampf und Training gleich. ☐ Laufzeiten können sich zwischen Wettkampf und Training unterscheiden.
Wer/Was kann eine Leistung beeinflussen?	☐ Die Person selbst (z. B. Anstrengungen oder Trainingserfahrung)	☐ Der Zeitpunkt (z. B. die Wetterbedingungen)	☐ Die Situation (z. B. Training oder Wettkampf)

8

Die Laufzeiten auf 5 km von Person X:

Zeit im letzten Wettkampf	27
Zeit im vorletzten Wettkampf	33
Zeit im letzten Training	22
Zeit im vorletzten Training	33

Woran könnte die Leistung von Person X im letzten Wettkampf gelegen haben?

☐ An Person X: Er ist besonders schnell/nicht besonders schnell oder hat sich besonders angestrengt/nicht besonders angestrengt.

☐ Am Zeitpunkt: Der letzte Wettkampf war vielleicht besonders schwer/leicht·

☐ Am Wettkampf: Person X ist besonders gut/schlecht in Wettkämpfen.

Die Laufzeiten auf 5 km von Person X:

Zeit im letzten Wettkampf	18
Zeit im vorletzten Wettkampf	22
Zeit im letzten Training	33
Zeit im vorletzten Training	33

Woran könnte die Leistung von Person X im letzten Wettkampf gelegen haben?

☐ An Person X: Er ist besonders schnell/nicht besonders schnell oder hat sich besonders angestrengt/nicht besonders angestrengt.

☐ Am Zeitpunkt: Der letzte Wettkampf war vielleicht besonders schwer/leicht.

☐ Am Wettkampf: Person X ist besonders gut/schlecht in Wettkämpfen.

Die Laufzeiten auf 5 km von Person X:

Zeit im letzten Wettkampf	23
Zeit im vorletzten Wettkampf	27
Zeit im letzten Training	23
Zeit im vorletzten Training	23

Woran könnte die Leistung von Person X im letzten Wettkampf gelegen haben?

☐ An Person X: Er ist besonders schnell/nicht besonders schnell oder hat sich besonders angestrengt/nicht besonders angestrengt.

☐ Am Zeitpunkt: Der letzte Wettkampf war vielleicht besonders schwer/leicht·

☐ Am Wettkampf: PersonX ist besonders gut/schlecht in Wettkämpfen.

Die Laufzeiten auf 5 km von Person X:

Zeit im letzten Wettkampf	27
Zeit im vorletzten Wettkampf	27
Zeit im letzten Training	27
Zeit im vorletzten Training	27

Woran könnte die Leistung von Person X im letzten Wettkampf gelegen haben?

☐ An Person X: Er ist besonders schnell/nicht besonders schnell oder hat sich besonders angestrengt/nicht besonders angestrengt.

☐ Am Zeitpunkt: Der letzte Wettkampf war vielleicht besonders schwer/leicht·

☐ Am Wettkampf: PersonX ist besonders gut/schlecht in Wettkämpfen.

Die Laufzeiten auf 5 km von Person X:

Zeit im letzten Wettkampf	27
Zeit im vorletzten Wettkampf	40
Zeit im letzten Training	22
Zeit im vorletzten Training	17

Woran könnte die Leistung von Person X im letzten Wettkampf gelegen haben?

☐ An Person X: Er ist besonders schnell/nicht besonders schnell oder hat sich besonders angestrengt/nicht besonders angestrengt.

☐ Am Zeitpunkt: Der letzte Wettkampf war vielleicht besonders schwer/leicht·

☐ Am Wettkampf: Person X ist besonders gut/schlecht in Wettkämpfen.

Die Laufzeiten auf 5 km von Person X:

Zeit im letzten Wettkampf	33
Zeit im vorletzten Wettkampf	33
Zeit im letzten Training	37
Zeit im vorletzten Training	33

Woran könnte die Leistung von Person X im letzten Wettkampf gelegen haben?

☐ An Person X: Er ist besonders schnell/nicht besonders schnell oder hat sich besonders angestrengt/nicht besonders angestrengt.

☐ Am Zeitpunkt: Der letzte Wettkampf war vielleicht besonders schwer/leicht·

☐ Am Wettkampf: Person X ist besonders gut/schlecht in Wettkämpfen.

8

Die Laufzeiten auf 5 km von Person X:

Zeit im letzten Wettkampf	23
Zeit im vorletzten Wettkampf	23
Zeit im letzten Training	23
Zeit im vorletzten Training	34

Woran könnte die Leistung von Person X im letzten Wettkampf gelegen haben?

☐ An Person X: Er ist besonders schnell/nicht besonders schnell oder hat sich besonders angestrengt/nicht besonders angestrengt.

☐ Am Zeitpunkt: Der letzte Wettkampf war vielleicht besonders schwer/leicht.

☐ Am Wettkampf: Person X ist besonders gut/schlecht in Wettkämpfen.

Die Laufzeiten auf 5 km von Person X:

Zeit im letzten Wettkampf	27
Zeit im vorletzten Wettkampf	36
Zeit im letzten Training	27
Zeit im vorletzten Training	17

Woran könnte die Leistung von Person X im letzten Wettkampf gelegen haben?

☐ An Person X: Er ist besonders schnell/nicht besonders schnell oder hat sich besonders angestrengt/nicht besonders angestrengt.

☐ Am Zeitpunkt: Der letzte Wettkampf war vielleicht besonders schwer/leicht.

☐ Am Wettkampf: Person X ist besonders gut/schlecht in Wettkämpfen.

Die Laufzeiten auf 5 km von Person X:

Zeit im letzten Wettkampf	22
Zeit im vorletzten Wettkampf	32
Zeit im letzten Training	28
Zeit im vorletzten Training	32

Woran könnte die Leistung von Person X im letzten Wettkampf gelegen haben?

☐ An Person X: Er ist besonders schnell/nicht besonders schnell oder hat sich besonders angestrengt/nicht besonders angestrengt.

☐ Am Zeitpunkt: Der letzte Wettkampf war vielleicht besonders schwer/leicht.

☐ Am Wettkampf: Person X ist besonders gut/schlecht in Wettkämpfen.

Die Laufzeiten auf 5 km von Person X:

Zeit im letzten Wettkampf	37
Zeit im vorletzten Wettkampf	33
Zeit im letzten Training	23
Zeit im vorletzten Training	23

Woran könnte die Leistung von Person X im letzten Wettkampf gelegen haben?

☐ An Person X: Er ist besonders schnell/nicht besonders schnell oder hat sich besonders angestrengt/nicht besonders angestrengt.

☐ Am Zeitpunkt: Der letzte Wettkampf war vielleicht besonders schwer/leicht.

☐ Am Wettkampf: Person X ist besonders gut/schlecht in Wettkämpfen.

Die Laufzeiten auf 5 km von Person X:

Zeit im letzten Wettkampf	18
Zeit im vorletzten Wettkampf	22
Zeit im letzten Training	18
Zeit im vorletzten Training	22

Woran könnte die Leistung von Person X im letzten Wettkampf gelegen haben?

☐ An Person X: Er ist besonders schnell/nicht besonders schnell oder hat sich besonders angestrengt/nicht besonders angestrengt.

☐ Am Zeitpunkt: Der letzte Wettkampf war vielleicht besonders schwer/leicht.

☐ Am Wettkampf: Person X ist besonders gut/schlecht in Wettkämpfen.

Die Laufzeiten auf 5 km von Person X:

Zeit im letzten Wettkampf	18
Zeit im vorletzten Wettkampf	18
Zeit im letzten Training	18
Zeit im vorletzten Training	18

Woran könnte die Leistung von Person X im letzten Wettkampf gelegen haben?

☐ An Person X: Er ist besonders schnell/nicht besonders schnell oder hat sich besonders angestrengt/nicht besonders angestrengt.

☐ Am Zeitpunkt: Der letzte Wettkampf war vielleicht besonders schwer/leicht.

☐ Am Wettkampf: Person X ist besonders gut/schlecht in Wettkämpfen.

Die Laufzeiten auf 5 km von Person X:

Zeit im letzten Wettkampf	26
Zeit im vorletzten Wettkampf	22
Zeit im letzten Training	34
Zeit im vorletzten Training	26

Woran könnte die Leistung von Person X im letzten Wettkampf gelegen haben?

☐ An Person X: Er ist besonders schnell/nicht besonders schnell oder hat sich besonders angestrengt/nicht besonders angestrengt.

☐ Am Zeitpunkt: Der letzte Wettkampf war vielleicht besonders schwer/leicht.

☐ Am Wettkampf: Person X ist besonders gut/schlecht in Wettkämpfen.

Die Laufzeiten auf 5 km von Person X:

Zeit im letzten Wettkampf	23
Zeit im vorletzten Wettkampf	26
Zeit im letzten Training	23
Zeit im vorletzten Training	33

Woran könnte die Leistung von Person X im letzten Wettkampf gelegen haben?

☐ An Person X: Er ist besonders schnell/nicht besonders schnell oder hat sich besonders angestrengt/nicht besonders angestrengt.

☐ Am Zeitpunkt: Der letzte Wettkampf war vielleicht besonders schwer/leicht.

☐ Am Wettkampf: Person X ist besonders gut/schlecht in Wettkämpfen.

8

Die Laufzeiten auf 5 km von Person X:

Zeit im letzten Wettkampf	22
Zeit im vorletzten Wettkampf	32
Zeit im letzten Training	28
Zeit im vorletzten Training	22

Woran könnte die Leistung von Person X im letzten Wettkampf gelegen haben?

☐ An Person X: Er ist besonders schnell/nicht besonders schnell oder hat sich besonders angestrengt/nicht besonders angestrengt.

☐ Am Zeitpunkt: Der letzte Wettkampf war vielleicht besonders schwer/leicht.

☐ Am Wettkampf: Person X ist besonders gut/schlecht in Wettkämpfen.

Die Laufzeiten auf 5 km von Person X:

Zeit im letzten Wettkampf	22
Zeit im vorletzten Wettkampf	27
Zeit im letzten Training	18
Zeit im vorletzten Training	22

Woran könnte die Leistung von Person X im letzten Wettkampf gelegen haben?

☐ An Person X: Er ist besonders schnell/nicht besonders schnell oder hat sich besonders angestrengt/nicht besonders angestrengt.

☐ Am Zeitpunkt: Der letzte Wettkampf war vielleicht besonders schwer/leicht.

☐ Am Wettkampf: Person X ist besonders gut/schlecht in Wettkämpfen.

Die Laufzeiten auf 5 km von Person X:

Zeit im letzten Wettkampf	27
Zeit im vorletzten Wettkampf	33
Zeit im letzten Training	22
Zeit im vorletzten Training	22

Woran könnte die Leistung von Person X im letzten Wettkampf gelegen haben?

☐ An Person X: Er ist besonders schnell/nicht besonders schnell oder hat sich besonders angestrengt/nicht besonders angestrengt.

☐ Am Zeitpunkt: Der letzte Wettkampf war vielleicht besonders schwer/leicht.

☐ Am Wettkampf: Person X ist besonders gut/schlecht in Wettkämpfen.

Die Laufzeiten auf 5 km von Person X:

Zeit im letzten Wettkampf	18
Zeit im vorletzten Wettkampf	26
Zeit im letzten Training	26
Zeit im vorletzten Training	22

Woran könnte die Leistung von Person X im letzten Wettkampf gelegen haben?

☐ An Person X: Er ist besonders schnell/nicht besonders schnell oder hat sich besonders angestrengt/nicht besonders angestrengt.

☐ Am Zeitpunkt: Der letzte Wettkampf war vielleicht besonders schwer/leicht.

☐ Am Wettkampf: Person X ist besonders gut/schlecht in Wettkämpfen.

Die Laufzeiten auf 5 km von Person X:

Zeit im letzten Wettkampf	26
Zeit im vorletzten Wettkampf	18
Zeit im letzten Training	18
Zeit im vorletzten Training	22

Woran könnte die Leistung von Person X im letzten Wettkampf gelegen haben?

☐ An Person X: Er ist besonders schnell/nicht besonders schnell oder hat sich besonders angestrengt/nicht besonders angestrengt.

☐ Am Zeitpunkt: Der letzte Wettkampf war vielleicht besonders schwer/leicht.

☐ Am Wettkampf: Person X ist besonders gut/schlecht in Wettkämpfen.

Die Laufzeiten auf 5 km von Person X:

Zeit im letzten Wettkampf	18
Zeit im vorletzten Wettkampf	23
Zeit im letzten Training	27
Zeit im vorletzten Training	33

Woran könnte die Leistung von Person X im letzten Wettkampf gelegen haben?

☐ An Person X: Er ist besonders schnell/nicht besonders schnell oder hat sich besonders angestrengt/nicht besonders angestrengt.

☐ Am Zeitpunkt: Der letzte Wettkampf war vielleicht besonders schwer/leicht.

☐ Am Wettkampf: Person X ist besonders gut/schlecht in Wettkämpfen.

Die Laufzeiten auf 5 km von Person X:

Zeit im letzten Wettkampf	18
Zeit im vorletzten Wettkampf	18
Zeit im letzten Training	23
Zeit im vorletzten Training	33

Woran könnte die Leistung von Person X im letzten Wettkampf gelegen haben?

☐ An Person X: Er ist besonders schnell/nicht besonders schnell oder hat sich besonders angestrengt/nicht besonders angestrengt.

☐ Am Zeitpunkt: Der letzte Wettkampf war vielleicht besonders schwer/leicht.

☐ Am Wettkampf: Person X ist besonders gut/schlecht in Wettkämpfen.

Die Laufzeiten auf 5 km von Person X:

Zeit im letzten Wettkampf	22
Zeit im vorletzten Wettkampf	27
Zeit im letzten Training	22
Zeit im vorletzten Training	27

Woran könnte die Leistung von Person X im letzten Wettkampf gelegen haben?

☐ An Person X: Er ist besonders schnell/nicht besonders schnell oder hat sich besonders angestrengt/nicht besonders angestrengt.

☐ Am Zeitpunkt: Der letzte Wettkampf war vielleicht besonders schwer/leicht.

☐ Am Wettkampf: Person X ist besonders gut/schlecht in Wettkämpfen.

Die Laufzeiten auf 5 km von Person X:

Zeit im letzten Wettkampf	33
Zeit im vorletzten Wettkampf	33
Zeit im letzten Training	33
Zeit im vorletzten Training	33

Woran könnte die Leistung von Person X im letzten Wettkampf gelegen haben?

☐ An Person X: Er ist besonders schnell/nicht besonders schnell oder hat sich besonders angestrengt/nicht besonders angestrengt.

☐ Am Zeitpunkt: Der letzte Wettkampf war vielleicht besonders schwer/leicht.

☐ Am Wettkampf: Person X ist besonders gut/schlecht in Wettkämpfen.

Die Laufzeiten auf 5 km von Person X:

Zeit im letzten Wettkampf	22
Zeit im vorletzten Wettkampf	32
Zeit im letzten Training	27
Zeit im vorletzten Training	38

Woran könnte die Leistung von Person X im letzten Wettkampf gelegen haben?

☐ An Person X: Er ist besonders schnell/nicht besonders schnell oder hat sich besonders angestrengt/nicht besonders angestrengt.

☐ Am Zeitpunkt: Der letzte Wettkampf war vielleicht besonders schwer/leicht.

☐ Am Wettkampf: Person X ist besonders gut/schlecht in Wettkämpfen.

Die Laufzeiten auf 5 km von Person X:

Zeit im letzten Wettkampf	22
Zeit im vorletzten Wettkampf	22
Zeit im letzten Training	22
Zeit im vorletzten Training	27

Woran könnte die Leistung von Person X im letzten Wettkampf gelegen haben?

☐ An Person X: Er ist besonders schnell/nicht besonders schnell oder hat sich besonders angestrengt/nicht besonders angestrengt.

☐ Am Zeitpunkt: Der letzte Wettkampf war vielleicht besonders schwer/leicht.

☐ Am Wettkampf: Person X ist besonders gut/schlecht in Wettkämpfen.

Die Laufzeiten auf 5 km von Person X:

Zeit im letzten Wettkampf	38
Zeit im vorletzten Wettkampf	33
Zeit im letzten Training	18
Zeit im vorletzten Training	22

Woran könnte die Leistung von Person X im letzten Wettkampf gelegen haben?

☐ An Person X: Er ist besonders schnell/nicht besonders schnell oder hat sich besonders angestrengt/nicht besonders angestrengt.

☐ Am Zeitpunkt: Der letzte Wettkampf war vielleicht besonders schwer/leicht.

☐ Am Wettkampf: Person X ist besonders gut/schlecht in Wettkämpfen.

Die Laufzeiten auf 5 km von Person X:

Zeit im letzten Wettkampf	27
Zeit im vorletzten Wettkampf	22
Zeit im letzten Training	27
Zeit im vorletzten Training	33

Woran könnte die Leistung von Person X im letzten Wettkampf gelegen haben?

☐ An Person X: Er ist besonders schnell/nicht besonders schnell oder hat sich besonders angestrengt/nicht besonders angestrengt.

☐ Am Zeitpunkt: Der letzte Wettkampf war vielleicht besonders schwer/leicht.

☐ Am Wettkampf: Person X ist besonders gut/schlecht in Wettkämpfen.

Die Laufzeiten auf 5 km von Person X:

Zeit im letzten Wettkampf	27
Zeit im vorletzten Wettkampf	18
Zeit im letzten Training	27
Zeit im vorletzten Training	33

Woran könnte die Leistung von Person X im letzten Wettkampf gelegen haben?

☐ An Person X: Er ist besonders schnell/nicht besonders schnell oder hat sich besonders angestrengt/nicht besonders angestrengt.

☐ Am Zeitpunkt: Der letzte Wettkampf war vielleicht besonders schwer/leicht.

☐ Am Wettkampf: Person X ist besonders gut/schlecht in Wettkämpfen.

8.2 Arbeitsblatt: Realistische Ursachenzuschreibungen finden

- **Ziel**

Die nachfolgende Übung soll Sportler*innen helfen für ein bestimmtes Ereignis (etwa den Misserfolg in einem Wettkampf), Ursachenzuschreibungen zu finden, die möglichst realistisch sind. Die Übung soll den Sportler*innen aufzeigen, inwieweit das Ereignis etwas mit ihrer eigenen Person, der Zeit und/oder den Besonderheiten der konkreten Situation (etwa dem Wettkampf) zu tun hat.

- **Vorüberlegungen zum Einsatz der Methode**

Ausgangspunkt sollte ein möglichst markant erinnertes, negatives Ereignis sein, zum Beispiel ein besonderer Misserfolg in einem Wettkampf.

- **Zielgruppe und Dauer**

Diese Übung ist eher für ältere Sportler*innen (ab ca. 14 Jahren) geeignet; Dauer: 15 Minuten

- **Hinweise zur Durchführung**

Für ein konkretes, bereits erlebtes, negatives Misserfolgs-Ereignis sollen Sportler*innen eine Ursache benennen. Im nächsten Schritt werden dann systematisch Fragen beantwortet, die Sportler*innen helfen, besser beurteilen zu können, inwieweit das Ereignis etwas mit ihrer Person zu tun hat, stabil über die Zeit und spezifisch für bestimmte Situationen (wie z. B. Wettkämpfe) ist. Diese Übung kann entweder mit einer größeren Gruppe jeweils in Einzelarbeit oder auch in einem Einzelgespräch mit nur einem*einer Sportler*in durchgeführt werden.

Materialien: Zur Durchführung müssen die *„Übung: Beobachtungen sammeln"* und *„Übung: Realistische Ursachenzuschreibungen bilden"* für jede*n Sportler*in ausgedruckt werden. Zudem werden Stifte benötigt.

- **Varianten**

Trainer*innen können diese Übung auch selbst bearbeiten, um für einen eigenen erinnerten oder gerade erlebten Misserfolg nach realistischen Ursachen zu suchen. Auch die Suche nach den Ursachen für andere Arten des Misserfolges, abgesehen von einem Misserfolg bei einem Wettkampf in klassischen Leistungssituationen, ist denkbar. So kann anhand der Methode beispielsweise auch die schlechte Ausführung einer Übung im Training reflektiert werden.

- **Nutzen**

Die Sportler*innen suchen systematisch nach Informationen, die ihnen helfen, realistische Ursachenzuschreibungen zu bilden. Dadurch können typische und oft vorschnelle unrealistische Erklärungsmuster aufgedeckt und überwunden werden. Nach einem Misserfolg kann die Übung dabei helfen zu identifizieren, bei welchen Personen, bei welchen Zeitpunkten oder in welchen Situationen die Leistung bisher erfolgreich abgerufen werden konnte. Dies ist ein wertvoller Ansatzpunkt für

Veränderungen. Wenn eine Person z. B. feststellt, dass sie nur auf Wettkämpfen schlechte Leistung zeigt, wäre es ein guter Ansatzpunkt, die Bedingungen im Training so nah wie möglich an die Wettkampfbedingungen zu bringen (z. B. durch Zuschauer, Störgeräusche oder mentales Hineinversetzen).

Übung: Beobachtungen sammeln

① Welcher persönliche Misserfolg hat Dich in den letzten Wochen besonders beschäftigt? Beschreibe möglichst kurz und konkret, wie Dein Misserfolg ausgesehen hat (z. B. Turnen eines schwierigen Elements im Wettkampf)

_____

_____

Rufe Dir jetzt ins Gedächtnis, wieso Du dabei Deiner Meinung nach erfolglos warst. Notiere die Ursache/n für den Misserfolg.

_____

_____

_____

② Bitte notiere nun, welche anderen Personen (z. B. deine Mitspieler*innen oder Konkurrent*innen) eine gleiche oder eine ähnliche Aufgabe (z. B. Turnen eines schwierigen Elements) ausgeführt haben. Schreibe die Namen dieser Personen auf und notiere hinter jedem Namen, zu welchem Ergebnis diese Person gekommen ist, also z. B. ob sie die Aufgabe erfolgreich oder erfolglos abgeschlossen hat. Frage nach, wenn Du nicht weißt, wie andere abgeschnitten haben.

Person/Name   Ergebnis

_____ → _____

_____ → _____

_____ → _____

_____ → _____

③ Bitte notiere nun, zu welchen anderen Zeitpunkten Du früher schon einmal mit der gleichen oder einer ähnlichen Situation konfrontiert warst (z. B. Turnen eines schwierigen Elements). Schreibe die Zeitpunkte auf und notiere hinter jedem Zeitpunkt, welches Ergebnis (z. B. Erfolg oder Misserfolg) Du dabei erzielt hast.

Zeitpunkt   Ergebnis

_____ → _____

_____ → _____

_____ → _____

_____ → _____

④ Bitte notiere nun, inwieweit Du diese Aufgabe (z. B. Turnen eines schwierigen Elements) in den letzten Wochen in anderen Situationen durchgeführt hast (z. B. im Training oder im Wettkampf). Schreibe diese Situationen auf und notiere hinter jeder Situation, welches Ergebnis (z. B. Erfolg oder Misserfolg) Du dabei erzielt hast.

Situation   Ergebnis

_____ → _____

_____ → _____

_____ → _____

_____ → _____

Auswertung

Bitte prüfe vor dem Hintergrund Deiner Notizen nun noch einmal Deine ursprüngliche Ursachenzuschreibung unter ①. Wenn Du unter ② auch Personen notiert hast, die ebenfalls erfolglos waren, ist es wenig wahrscheinlich, dass der Grund für Deinen Misserfolg ausschließlich an Dir selbst liegt.

Wenn Du unter ③ Zeitpunkte in der Vergangenheit nennen konntest, in denen Du erfolgreich warst, dann ist der Grund für den aktuellen Misserfolg nicht stabil über die Zeit hinweg. Die Ursache für Deinen aktuellen Misserfolg ist somit variabel.

Wenn Du unter ④ andere Situationen notiert hast, bei denen Du erfolgreicher warst, dann ist der Grund für den aktuellen Misserfolg vermutlich spezifisch für diese eine Situation.

Diese gesammelten Informationen geben Dir somit erste Anhaltspunkte, ob die Ursache in Dir selbst liegt oder eher ein äußerer Umstand für Deinen Misserfolg verantwortlich ist ②, ob die Ursache von längerer Dauer ist oder nur zu dem bestimmten Zeitpunkt des Misserfolgs aufgetreten ist, an den Du gedacht hast ③ und ob die Ursache spezifisch für diese Art der Aufgabe ist ④.

Die gesammelten Informationen geben Dir Hinweise darauf, was tatsächlich die Ursache für Deinen Misserfolg gewesen ist. Sie geben Dir damit die Möglichkeit, Deinen Erfolg in zukünftigen Situationen besser zu beeinflussen. Die *„Übung: Realistische Ursachenzuschreibungen bilden"* kann Dir dabei helfen.

Übung: Realistische Ursachenzuschreibungen bilden

Du kannst mithilfe Deiner gesammelten Informationen bei der „*Übung: Beobachtungen sammeln*" Strategien erarbeiten, um zukünftig bei der unter ① bei der „*Übung: Beobachtungen sammeln*" notierten Aufgabe oder ähnlichen Aufgaben erfolgreicher zu sein.

Spreche hierfür mit den Personen, die Du unter ②der „*Übung:Beobachtungen sammeln*" identifiziert hast, die bei gleichen oder ähnlichen Aufgaben erfolgreich waren. Frage sie danach, wie sie dies bewerkstelligt haben.

Person/Name		Strategie
_____	→	_____
_____	→	_____
_____	→	_____
_____	→	_____

8

Analysiere die Zeitpunkte, die Du unter ③ der „*Übung: Beobachtungen sammeln*" notiert hast und bei denen Du selbst erfolgreicher gewesen bist. Versuche herauszufinden wie Du es in der Vergangenheit geschafft hast, einen Erfolg bei der Ausführung der Aufgabe oder bei ähnlichen Aufgaben zu haben.

Zeitpunkt		Strategie
_____	→	_____
_____	→	_____
_____	→	_____
_____	→	_____

Frage Dich schließlich, was Du selbst in anderen , unterscheidbaren Situationen, in denen Du erfolgreicher gewesen bist, anders gemacht hast. Rufe Dir hierzu die unter ④ gesammelten Situationen („*Übung: Beobachtungen sammeln*") ins Gedächtnis.

Situation		Strategie
_____	→	_____
_____	→	_____
_____	→	_____
_____	→	_____

Schaue Dir nun noch einmal die von Dir gesammelten Strategien an, die andere Personen angewendet haben, die Du zu anderen Zeitpunkten oder die Du bei anderen Situationen angewendet hast. Überlege Dir nun, ob Dir eine dieser Strategien in Zukunft bei der unter ① notierten Aufgabe oder dazu ähnlichen Aufgaben helfen könnte. Überlege Dir auch, wie Du das Training gestalten kannst, um Deinem Ziel näher zu kommen. Du könntest Dich z. B. bereits vor dem Training mit den Trainingsinhalten auseinandersetzen. Oder du suchst dir Trainingspartner*innen, die dich unterstützen, oder du planst gezielt, welche Bewegungsabläufe Du wie trainieren möchtest. Wenn es Unterschiede zwischen den Trainingsleistungen und den Wettkampfleistungen gibt, kann es zudem nützlich sein, die Bedingungen des Trainings so nah wie möglich an die Wettkampfbedingungen anzugleichen (z. B. Zuschauer einladen, Störgeräusche einbauen, mentales Hineinversetzen in die Wettkampfsituation). So kannst Du aus Deinem aktuellen Misserfolg lernen und zukünftig andere Strategien und Verhaltensweisen an den Tag legen, mit denen Du bei der nächsten Ausführung der Aufgabe erfolgreicher sein kannst.

8.3   Arbeitsblatt: Variationen beobachten und zurückmelden

■ **Ziel**

Dieses Arbeitsblatt soll Ihnen helfen, selbst Beobachtungen über Ihre Sportler*innen anzustellen. Diese Beobachtungen sollen den Sportler*innen anschließend zurückgemeldet werden und beziehen sich auf die Variation von Ursachen und Ereignissen. Sie erweitern somit die Informationen, die Ihre Sportler*innen über Ereignisse haben und fördern dadurch eine realistische Ursachenzuschreibung.

■ **Vorüberlegungen zum Einsatz der Methode**

Sie sollten Variationen von Ursachen mit Ereignissen (z. B. in Leistungssituationen) beobachten können. Sie sollten also alleine oder im Dialog (z. B. mit anderen Trainer*innen) erkennen können, ob ein Ereignis über mindestens einer der folgenden Beobachtungskategorien variiert: Personen, Zeit, Situationen.

■ **Zielgruppe und Dauer**

Kinder, Jugendliche und Erwachsene; Dauer: ca. 15 Minuten

8

■ **Hinweise zur Durchführung**

Mit Blick auf ein konkretes Ereignis (z. B. einen Wettkampf) werden Sie angeleitet, systematisch Fragen zu beantworten, inwieweit das Ereignis über Personen, die Zeit und Situationen variiert. Im Anschluss sollten Sie Ihre Erkenntnisse aus dieser Reflexion Ihren Sportler*innen mitteilen. Dazu werden Ihnen am Ende Kommentarbeispiele gegeben.

Materialien: Zur Durchführung kann die *„Übung: Variationen beobachten und zurückmelden"* ausgedruckt werden.

■ **Varianten**

Auch andere Kontaktpersonen (z. B. Betreuer*innen oder Physiotherapeut*innen) können Beobachtungen anstellen und diese den Sportler*innen mitteilen.

■ **Nutzen**

Sportler*innen kann es schwerfallen, objektiv die Variation von Ursachen mit Ereignissen wahrzunehmen und sich diese bewusst zu machen. Sie als Trainer*in haben einen anderen Blickpunkt auf das Ereignis und haben im Rahmen des Trainings oder Wettkampfes insbesondere die Möglichkeit, die Variation von Leistungen über ihre Sportler*innen hinweg zu beobachten. Dies ist für einzelne Sportler*innen nur in eingeschränktem Maße möglich. Zudem können Sie von einem professionelleren Blickwinkel die Leistung einzelner Sportler*innen über die Zeit und Situationen (z. B. Wettkämpfe) hinweg beurteilen. Durch die Rückmeldung von derartigen Beobachtungen können Sportler*innen auf einer breiteren Informationsbasis realistischere Ursachenzuschreibungen finden. Realistische Ursachenzuschreibungen sind ein wichtiger Schritt in Richtung motiviertes und erfolgreiches Trainieren.

Übung: Variationen beobachten und zurückmelden

Ereignis festlegen

Im Folgenden sollen Sie sich ein Ereignis im Leistungskontext überlegen, für das Sie verschiedene Informationen zusammentragen wollen. Wenn Sie das Ereignis möglichst konkret formulieren, erleichtert das die Suche nach relevanten Beobachtungsinformationen. Ein konkretes Ereignis kann zum Beispiel der letzte Wettkampf oder das Einüben einer neuen Technik sein.

Für welches Ereignis im Leistungskontext wollen Sie verschiedene Informationen zusammentragen?

Beobachtungsinformationen sammeln und rückmelden

Anhand der folgenden Arbeitsblätter können Sie die verschiedenen Kategorien betrachten, über die Ursachen (bezogen auf das Ereignis) variieren können. Es kann sein, dass Sie nicht zu allen Kategorien Informationen beobachten können. Jede einzelne Information, die Sie finden, ist wertvoll, aber es ist nicht gravierend, wenn Sie zu einzelnen Fragen keine Beobachtungen treffen können.

8

Fragen	Informationsumgang	Nutzen

Fragen

Rufen Sie sich das betrachtete Ereignis in den Kopf. Welche Leistung haben Ihre Sportler*innen gezeigt? Prüfen Sie besonders, wie viele Sportler*innen bei diesem Ereignis einen Misserfolg erlebt haben.

Hatten nur vereinzelte Sportler*innen einen Misserfolg? Oder haben viele/alle Sportler*innen einen Misserfolg erlebt?

☐ einzelne   ☐ viele

Gegebenenfalls unterteilen Sie das Ereignis in noch spezifischere Teile. Dies können zum Beispiel einzelne Abschnitte des Wettkampfs sein. Stellen Sie sich für jeden dieser spezifischen Teile erneut die folgende Frage: Haben bei spezifischen Abschnitten nur einzelne Sportler*innen einen Misserfolg erlebt oder viele/alle Sportler*innen?

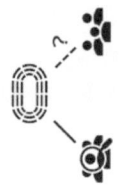

Informationsumgang

Teilen Sie Ihren Sportler*innen mit, wenn viele Sportler*innen einen Misserfolg bei diesem Ereignis oder auch bei einem bestimmten Teil dieses Ereignisses erlebt haben.

Insbesondere bei Wettkämpfen, bei denen viele schlechte Leistungen gezeigt haben, sollten Sie die Sportler*innen darüber informieren, wie anspruchsvoll der Wettkampf war.

Nutzen

Für Sportler*innen ist es nach einem Misserfolg eine wertvolle Information, ob auch andere Sportler*innen einen Misserfolg hatten. So können Sportler*innen erkennen, dass ein Misserfolg nicht nur an den eigenen mangelnden Fähigkeiten liegt, sondern sich auch an anderen Faktoren wie der Schwierigkeit eines Wettkampfes festmachen lässt.

1. Variation über Personen

2. Variation über die Zeit

Fragen

Rufen Sie sich eine*n bestimmte*n Sportler*in in den Kopf, der*die einen Misserfolg in diesem Ereignis oder auch in einem bestimmten Teil dieses Ereignisses hatte. Es sollte ein*e Sportler*in sein, bei dem*der Sie das Gefühl haben, dass aufgrund des Misserfolgs seine*ihre Motivation gesunken ist. Denken Sie nun an ähnliche Ereignisse in der Vergangenheit (z. B. frühere Wettkämpfe oder ähnliche Trainingssituationen).

Hat diese*r Sportler*in früher auch schon schlechte Leistungen in Bezug auf dieses Ereignis gezeigt? Oder hat die*der Sportler*in früher auch Erfolge aufweisen können?

☐ immer Misserfolg   ☐ auch Erfolg

Sie können diese Variation über die Zeit für verschiedene Sportler*innen betrachten.

Informationsumgang

Melden Sie Ihren Sportler*innen zurück, wenn sie in der Vergangenheit Erfolge hatten. Überlegen Sie gegebenenfalls zusammen mit Ihren Sportler*innen, was bei dem zurückliegenden Ereignissen anders war. Unterstützen Sie Ihre Sportler*innen dabei, passende Strategien zur erfolgreichen Bewältigung eines Misserfolgs-Ereignisses zu generieren.

Nutzen

Manchen Sportler*innen fällt es schwer, frühere Erfolge bewusst wahrzunehmen. Aber gerade das Wissen über einen Erfolg in der Vergangenheit gibt Sportler*innen die Möglichkeit zu analysieren, was sie damals anders gemacht haben als beim jetzt betrachteten Ereignis. In der Folge können Sportler*innen Strategien entwickeln, um auch zukünftig Erfolge zu erzielen.

8

Fragen	Informationsumgang	Nutzen

3. Variation über die Situation

Rufen Sie sich erneut den*die Sportler*in in den Kopf, der*die einen Misserfolg in diesem Ereignis oder auch in einem bestimmten Teil dieses Ereignisses (z. B. in der ersten Halbzeit eines Spiels) hatte und bei dem*der Sie ein Motivationsdefizit wahrnehmen. Denken Sie nun an ähnliche Ereignisse in anderen Situationen. Dies kann zum Beispiel ein Ereignis bei einem Wettkampf in der eigenen Halle, einem Wettkampf in einer anderen Halle oder im Training sein.

Hat diese*r Sportler*in bei ähnlichen Ereignissen in anderen Situationen auch schlechte Leistungen gezeigt? Oder hat die*der Sportler*in in anderen Situationen auch Erfolge gehabt?

☐ immer Misserfolg   ☐ auch Erfolg

Sie können diese Variation über Situationen für verschiedene Sportler*innen betrachten.

Wenn Sie Erfolge in anderen Situationen bei ähnlichen Ereignissen beobachten, melden Sie dies Ihren Sportler*innen zurück. Überlegen Sie gegebenenfalls zusammen mit Ihren Sportler*innen, welche Unterschiede es im Vergleich zum Misserfolgs-Erlebnis gibt. Unterstützen Sie Ihre Sportler*innen dabei, passende Strategien zur erfolgreichen Bewältigung eines Ereignisses zu generieren.

Manchen Sportler*innen fällt es schwer, frühere Erfolge bei ähnlichen Ereignissen in anderen Situationen bewusst wahrzunehmen und mit aktuellen Ereignissen in Bezug zu setzen. Aber gerade das Wissen über Erfolge bei ähnlichen Ereignissen in anderen Situationen gibt Sportler*innen die Möglichkeit zu analysieren, was sie in anderen Situationen anders gemacht haben als beim jetzt betrachteten Ereignis. In der Folge können Sportler*innen Strategien entwickeln, um zukünftig Erfolge zu erzielen.

Informationsumgang: Wie teile ich meine Beobachtungen meinen Sportler*innen mit?	
Beobachtung	**Kommentarbeispiele**
Variation über Personen mitteilen – Sportler*innen können so erkennen, dass die Ursache über Personen variiert.	• „Andere Sportler*innen benutzen andere Trainings-/Wettkampfstrategien." • „Auch andere Sportler*innen fiel diese Übung schwer." • „Auch andere Sportler*innen haben es nicht geschafft." • „Gerade bei dieser spezifischen Übung kam es vermehrt zu Fehlern." • „Nicht jeder steckt gleich viel Energie in das Training/die Turniervorbereitung."
Variation über die Zeit mitteilen – Sportler*innen können so erkennen, dass die Ursache über die Zeit hinweg variiert.	• „In der Vergangenheit hast du das schon oft gemeistert." • „Du hast bereits ähnliche Herausforderungen lösen können." • „Zu Beginn des Trainings bist du konzentrierter als am Ende des Trainings." • „Nächstes Mal kannst du zeigen, dass du die Übung eigentlich kannst." • „Letztes Training warst du mehr bei der Sache." • „Bei früheren ähnlichen Herausforderungen bist du anders vorgegangen."
Variation über Situationen mitteilen – Sportler*innen können so erkennen, dass die Ursache über Situationen hinweg variiert.	• „Auf Turnieren strengst du dich mehr an." • „Bei anderen Trainer*innen bist du motivierter." • „Im Training konntest du die Übung, beim Turnier hattest du Schwierigkeiten." • „Bei dieser Technik hast du mehr Schwierigkeiten als bei anderen." • „In Gruppeneinheiten zeigst du mehr Engagement:" • „Die von mir gestellte Trainingsaufgabe war besonders schwierig."

Spezielle Herausforderungen

Gerade bei der Steigerung von Motivation ist es wichtig, sich mit Themen auseinanderzusetzen, die ein spezifisches, auf die jeweilige Situation abgestimmtes Vorgehen erfordern. Dieser Teil des Bandes beschäftigt sich mit genau solchen speziellen Herausforderungen. Dazu gehört der Umgang mit herben Rückschlägen (Kap. 9), mit vermeintlich mangelndem Können (Kap. 10) und mit Problemen des Wollens (Kap. 11). Zu jedem Themenfeld werden Hinweise gegeben, wie Sie als Trainer*in auf solche schwierigen Situationen angemessen reagieren können.

Inhaltsverzeichnis

Umgang mit herben Rückschlägen

Inhaltsverzeichnis

© Springer Fachmedien Wiesbaden GmbH, ein Teil von Springer Nature 2021
V. Gottschall et al., *Sportler*innen motivieren*,
https://doi.org/10.1007/978-3-658-32518-3_9

9.1 Herbe Rückschläge

Menschen investieren viel Kraft und Mühe vor allem in diejenigen Bereiche und Aufgaben ihres Lebens, die für sie persönlich einen hohen Stellenwert haben. Mitunter ist es sogar so, dass wir den Eindruck haben, dass diese uns wichtigen Bereiche uns als Person besonders ausmachen. Dass Menschen sich mit ihren Aufgaben identifizieren, ist grundsätzlich wünschenswert. Die folgenden Aussagen sind Beispiele für den Ausdruck einer solchen starken Identifikation:

- Ich bin wirklich stolz darauf, Spieler meiner Mannschaft zu sein.
- Mein Sport bedeutet mir sehr viel.
- Meine Sportart ist mein Traumberuf – daher ist es mir auch wirklich wichtig, darin gut zu sein.

Eigene Misserfolge sind für Personen auch daher meist nicht bedeutungslos – ganz im Gegenteil. Viele Situationen im Leistungskontext sind gerade dadurch gekennzeichnet, dass Personen aufgrund einer starken Identifikation nach Erfolgen und der Vermeidung von Misserfolgen streben. Deswegen investieren Personen auch viel in die Vorbereitung und strengen sich stark an. Wenn aber schlussendlich trotz intensiver Bemühungen ein Misserfolg eintritt, ist dies zunächst einmal eine bittere Enttäuschung. Und umso bitterer, je mehr zuvor investiert wurde. Solche Situationen werden hier „herbe Rückschläge" genannt.

9

> **Übung (sowohl für Trainer*innen als auch Sportler*innen geeignet)**
> **Gedankenreise: Eigene persönliche Rückschläge**
> Wann haben Sie zuletzt selbst einen herben Rückschlag erlebt – wann haben Sie also etwas angestrebt, dies mit sehr großem Bemühen verfolgt und sind dennoch gescheitert?
> Versuchen Sie, sich noch einmal in diese Situation hineinzuversetzen. Erinnern Sie sich an das Gefühl, das Sie empfanden in dem Moment als sich herausstellte, dass Sie gescheitert waren.
> Überlegen Sie sich, was in dieser Situation eine für Sie bedeutsame Person (z. B. Ihr*e damalige*r Mitspieler*in oder Ihr*e eigene*r Trainer*in) Wohltuendes zu Ihnen hätte sagen können.

In diesem Band haben Sie Techniken kennengelernt, die nach Misserfolgen helfen sollen, Ursachenfaktoren zu finden, die man selbst kontrollieren kann. Gerade nach einem herben Rückschlag kann es aber zunächst gar nicht hilfreich sein, die Aufmerksamkeit auf solche inneren und kontrollierbaren Ursachenfaktoren zu lenken. Es geht im ersten Schritt darum, die Bitterkeit des Misserfolgs besser wegzustecken und nicht zu sehr an der eigenen Person zu verzweifeln. Hier steht zunächst der Schutz des eigenen Selbstwertgefühls im Vordergrund.

9.2 Hinweise zur Verarbeitung herber Rückschläge

Folgende Vorgehensweisen können hilfreich sein, um mit bitteren Niederlagen im ersten Moment besser umgehen zu können.

1. Emotionsgesteuerte Erklärungen zulassen

Gerade nach einem herben Rückschlag treffen Sportler*innen mitunter emotionsgeladene Aussagen: „Das hing nur an diesen unfairen Wertungsrichter*innen!", „Bei den Wetterbedingungen kann auch keiner gute Leistung zeigen!", „Die haben doch alle keine Ahnung!". Solche Aussagen dienen dazu, die eigenen Gefühle zum Ausdruck zu bringen und „Dampf abzulassen". Auch wenn sie im Sinne einer Verhaltensveränderung und Motivationsförderung nicht sinnvoll sind, sollten sie von Trainer*innen zunächst zugelassen werden, um den Selbstwert der Person zu schützen.

2. Auf die Häufigkeit von Misserfolg hinweisen

Es kann hilfreich sein, nach einem Misserfolg einen Überblick darüber zu gewinnen, wer ansonsten noch gescheitert ist. Dies stärkt die Wahrnehmung dafür, nicht die einzige Person zu sein, die das gewünschte Ziel nicht erreicht hat. Man sieht, dass es noch andere Personen gibt, die gleichsam gescheitert sind und das gleiche empfinden. Es entsteht eine Überzeugung, mit bestimmten Gefühlen nicht allein zu sein. Diese wird in der Psychologie als „common humanity" bezeichnet, weil derartige Erfahrungen einen mit anderen Menschen verbinden (Neff 2003). Diese Überzeugung nach Misserfolgserlebnissen zu stärken, schützt das eigene Selbstwertgefühl.

3. Die hohe Schwierigkeit der Aufgaben in den Blick nehmen

Manchmal streben wir nach sehr hochgesteckten Zielen, beispielsweise einem Titel in einem international gutbesetzten Turnier oder danach, eine Meisterschaft zu gewinnen. Es liegt gerade bei derart hochgesteckten Zielen in der Natur der Sache, dass Misserfolg wahrscheinlicher ist als Erfolg. Für den Umgang mit Misserfolg kann es daher sehr hilfreich sein, sich die Schwierigkeit der Aufgabe noch einmal selbst zu verdeutlichen (oder deutlich gemacht zu bekommen), wie sprichwörtlich hoch die süßen Trauben hingen, nach denen man zu greifen versuchte.

4. Andere wichtige Aspekte der eigenen Person in den Blick nehmen

Es kann für das Selbstwertgefühl nach einem herben Rückschlag auch stärkend sein, sich andere Bereiche des Sportes oder auch außerhalb des Sportes vor Augen zu führen, die man als wichtig erlebt und in welchen man erfolgreich ist. Die Konzentration auf solche wichtigen und positiven Lebensbereiche schützt das Selbstwertgefühl (McQueen und Klein 2006). Dies bereitet die Person auf den nächsten Schritt vor, in dem der erlebte Misserfolg motivationsdienlich betrachtet werden kann.

Wenn mit Hilfe dieser Techniken die Bitterkeit verflogen ist und Sicherheit darüber besteht, dass nicht an der eigenen Person wegen des erlebten Misserfolgs gezweifelt werden muss, dann ist eine gute Grundlage für die Veränderung der Ursachenzuschreibungen in einem motivationsförderlichen Sinne gelegt. Unter Umständen ist hierbei ein gewisser zeitlicher Abstand zum Misserfolg angebracht.

Literatur

McQueen, A., & Klein, W. M. P. (2006). Experimental manipulations of self-affirmation: A systematic review. *Self and Identity, 5*(4), 289–354. https://doi.org/10.1080/15298860600805325.

Neff, K. D. (2003). The development and validation of a scale to measure self-compassion. *Self and Identity, 2*(3), 223–250. https://doi.org/10.1080/15298860309027.

9

Wenn es vermeintlich am Können fehlt

Inhaltsverzeichnis

© Springer Fachmedien Wiesbaden GmbH, ein Teil von Springer Nature 2021
V. Gottschall et al., *Sportler*innen motivieren*,
https://doi.org/10.1007/978-3-658-32518-3_10

10.1 Vermeintlich fehlendes Können

Möglicherweise sieht man als Trainer*in die Ursachen für wiederholte Misserfolge eines*einer Sportler*in in dessen*deren geringen Fähigkeiten und hält deshalb Techniken der Motivationsförderung in ihrem möglichen Nutzen für begrenzt. Bei einer solchen Ausgangssituation ist man vielleicht wenig geneigt, die in diesem Buch vorgeschlagenen Ansätze auszuprobieren, um Sportler*innen bei der Bildung motivationsförderlicherer Ursachenzuschreibungen zu unterstützen. Gleiches mag aus Sicht der Sportler*innen selbst gelten: Welchen Nutzen soll es haben, sich für eine Aufgabe zu motivieren, wenn man der festen Überzeugung ist, dass es die eigenen geringen Fähigkeiten sind, die wiederholt Schwierigkeiten bei der Aufgabenbearbeitung verursachen?

Wir möchten in diesem Kapitel darstellen, wie eine realistische Betrachtung von Fähigkeiten im Rahmen von Motivationsförderung aussehen kann und warum diese Betrachtung oft kein Gegensatz zum Einsatz von Techniken der Motivationsförderung ist. Zwei Fragen sind für Trainer*innen bei diesen Überlegungen zentrale Ausgangspunkte:

1. Was genau bringt mich dazu, an den Fähigkeiten der Person zu zweifeln?

Hier sollte man insbesondere realistische Informationen einholen (vgl. Abschn. 2.2.1), die bei der Beurteilung helfen, ob andere Sportler*innen ebenfalls mit Schwierigkeiten kämpfen, inwieweit die Schwierigkeiten der Sportler*innen selbst stabil über die Zeit sind und inwieweit sie über Aufgaben variieren.

Auf Basis dieser Informationen kann in einem nächsten Schritt besser beurteilt werden, ob die Aufgaben, mit der Sportler*innen konfrontiert sind, (für sie) prinzipiell machbar sind. Nur wenn Aufgaben machbar sind (wenn auch nur mit hoher Anstrengung und vielleicht auch nicht perfekt), macht es Sinn, Motivation zu fördern.

2. Ist die Aufgabe für die Sportler*innen frei wählbar?

Nicht immer haben wir selbst die Wahl, welchen Aufgaben wir uns zuwenden. Zwar kann es in Teams durchaus denkbar sein, dass Aufgaben so verteilt werden, dass Sportler*innen bevorzugt solche Aufgaben verfolgen, deren Verfolgung ihnen besonders gut gelingt. Für solche Tausch- und Wahlmöglichkeiten gibt es aber durchaus Grenzen. Es kann sein, dass eine freie Wahl nicht möglich oder erwünscht ist und Sportler*innen um Aufgaben nicht herumkommen. Bei solch unumgänglichen Aufgaben ist neben der Förderung der Kompetenz auch Motivationsförderung trotz potenziell eingeschränkten Könnens angebracht.

10.2 Hinweise zum Umgang mit Aufgaben, bei denen es vermeintlich am Können mangelt

Für Inhalte und Aufgaben, die man nicht umgehen kann und die weniger den eigenen Talenten entsprechen, können die drei folgenden Punkte hilfreiche Anregungen zur Motivationsförderung sein.

1. Ein realistisches Anspruchsniveau entwickeln

Die Kenntnisse um eigene Stärken und Schwächen tragen dazu bei, realistische Ziele zu verfolgen. Wenn ein*e Sportler*in kein besonders großes Talent für die Erfüllung einer bestimmten Aufgabe hat, dann sollte man die eigenen Erwartungen an die Güte der Leistung in diesem Bereich entsprechend anpassen.

Das heißt aber nicht, dass man Misserfolg erwarten muss. Das Ergebnis einer Aufgabenbearbeitung besteht oft nicht allein in den zwei möglichen Ausgängen Erfolg und Misserfolg. Vielmehr kann eine gezeigte Leistung sich im gesamten Spektrum zwischen sehr gut und miserabel bewegen. Zudem ist das Setzen von Teil- bzw. Zwischenzielen sinnvoll. Wenn ein*e Sportler*in unter solchen Bedingungen anstrebt, ein wenig besser zu sein als beim letzten Mal, drückt dies ein anspruchsvolles und zugleich realistisches Anspruchsniveau aus.

In der Forschung hat sich gezeigt, dass der Vergleich mit eigenen früheren Leistungen von Sportler*innen vor allem dann als positiv empfunden wird, wenn sie ihr aktuelles Verhalten verändern möchten (Aspiras 2019) und wenn ihnen der Sport besonders wichtig ist (Sheldon 2003).

2. Fähigkeiten als veränderbar betrachten

Wenn ein*e Sportler*in davon ausgeht, in einem bestimmten Bereich kein Talent zu haben, dann ist dies eine zu starke Vereinfachung der Wirklichkeit. Fähigkeiten sind nicht entweder vorhanden oder nicht vorhanden, sondern sie sind mehr oder weniger stark ausgeprägt. Wenn wir meinen, in einem bestimmten Bereich – relativ zu anderen Bereichen – weniger talentiert zu sein, dann heißt dies meist dennoch, dass wir in diesem Bereich ein Mindestmaß an Fähigkeiten haben, um mäßige Leistungen an den Tag zu legen. Hinzu kommt, dass Fähigkeiten durch eine ausdauernde Beschäftigung mit Übungen auch gesteigert werden können. Fähigkeiten sind somit nicht als gegeben und unveränderbar anzusehen (Sternberg 2001). Es ist motivationsförderlich, wenn Trainer*innen ein solches „Wachstums-Mindset" (Dweck 2008) in Bezug auf Fähigkeiten an den Tag legen und dies gegenüber den Sportler*innen auch so kommunizieren.

3. Sich vor Augen führen, dass Leistung vielfältige Ursachen hat

Leistung hat vielfältige Ursachen. Es gilt, diejenigen in den Blick zu nehmen, die der eigenen Einflussnahme unterliegen. Mit dieser Perspektive ist eine moderate Leistungsverbesserung durch Maßnahmen der Motivationsförderung auch dann möglich, wenn es sich um einen Bereich handelt, in dem nicht die relativen Stärken und Talente der Sportler*innen in liegen.

Literatur

Aspiras, O. G. (2019). *Comparative thought and physical activity: Using social and temporal comparison to change and maintain behaviors* [Dissertation, University of Toledo, Ohio]. Bibliothekskatalog. https://rave.ohiolink.edu/etdc/view?acc_num=toledo1563292587371754. Zugegriffen am 07.06.2021.

Dweck, C. S. (2008). *Mindset: Changing the way you think to fulfil your potential*. New York: Ballentine Books.

Sheldon, J. P. (2003). Self-evaluation of competence by adult athletes: Its relation to skill level and personal importance. *The Sport Psychologist, 17*(4), 426–443. https://doi.org/10.1123/tsp.17.4.426.

Sternberg, R. J. (2001). Giftedness as developing expertise: A theory of the interface between high abilities and achieved excellence. *High Ability Studies, 12*(2), 159–179. https://doi.org/10.1080/13598130120084311.

10

Wenn Wollen zum Problem wird

Inhaltsverzeichnis

© Springer Fachmedien Wiesbaden GmbH, ein Teil von Springer Nature 2021
V. Gottschall et al., *Sportler*innen motivieren*,
https://doi.org/10.1007/978-3-658-32518-3_11

11.1 Wollen als Problem

Misserfolge kommen nicht ausschließlich durch geringes Können zustande. Wenn Fähigkeiten in ausreichendem Maße vorhanden sind, kann es aber ein anderes Hindernis geben, das dem Erfolg im Weg steht: Das Wollen.

Übermäßig geringe ebenso wie extrem hohe Ausprägungen des Wollens können dabei problematisch sein. Die folgenden Aussagen verdeutlichen beispielhaft zu hohe Ausprägungen des Wollens:

- Ich muss mehr Zeit investieren, damit es perfekt wird. Das kann ich auf keinen Fall auf das nächste Training verschieben!
- Wenn ich bei dieser Übung nicht mein Bestes gebe, wird mein Trainer mich niemals im nächsten Spiel einsetzen. Dann kann ich auch gleich aufhören.

Die folgenden Aussagen verdeutlichen im Gegensatz dazu zu geringe Ausprägungen des Wollens:

- Ich habe wirklich keine Lust darauf, das mache ich lieber im nächsten Training.
- Es ist mir wirklich nicht wichtig, ob ich die Übung gut mache. Ich werde schon irgendwie spielen dürfen.

Zu viel Wollen ist häufig in der Charaktereigenschaft Perfektionismus verankert; es kann dazu führen, dass man sich selbst im Weg steht und unter Druck setzt. Dies ist vor allem dann der Fall, wenn Sportler*innen das Gefühl haben, ihren Ansprüchen an die eigene Leistung nicht gerecht zu werden. Oder wenn sie Angst davor haben, Fehler zu machen und aufgrund dieser von anderen Personen negativ bewertet zu werden. Langfristig kann dies zu Erkrankungen wie Burnout führen (Madigan et al. 2015).

Zu wenig Wollen ist oft mit geringem Engagement verbunden und kann zu schlechten Leistungen führen (Bakker et al. 2012). Das macht auf Dauer unzufrieden und kann sich auch auf andere Lebensbereiche übertragen. Zudem kann Unzufriedenheit zu unangebrachtem Verhalten wie zu spätes Erscheinen im Training oder Abbruch des Trainings führen (Voight und Callaghan 2006).

Beide Extremausprägungen des Wollens sind demnach langfristig weder für die Gesundheit noch für die Leistung von Sportler*innen zuträglich. In solchen Fällen sollte zunächst geprüft werden, ob das zu geringe oder zu starke Wollen tatsächlich ein individuelles Hindernis ist, das nur bei einem*r einzelnen Sportler*in besteht. Darauf aufbauend gibt es unterschiedliche Möglichkeiten des Umgangs mit dem Problem des Wollens. Im Folgenden werden erste Ansatzpunkte hierfür dargestellt. Motivationsförderung durch die Veränderung von Ursachenzuschreibungen, wie sie im restlichen Band beschrieben wurde, ist in diesen Fällen erst in einem darauffolgenden Schritt angebracht.

11.2 Hinweise zum Umgang mit fehlendem/übermäßigem Wollen

Wenn Sie Grund zu der Annahme haben, dass die Haltung Ihres*Ihrer Sportler*in zu viel oder zu wenig Wollen beinhaltet, sollten Sie in einem ersten Schritt prüfen, ob es sich hierbei tatsächlich um ein Problem bei einem*einer einzelnen Sportler*in handelt.

1. Ist das Wollen ein individuelles Problem?

Um für sich zu prüfen, ob die Haltung des*der Sportler*in tatsächlich ein individuelles Problem ist, ist es hilfreich, realistische Informationen einzuholen (vgl. Abschn. 2.2.1), die bei der Beurteilung helfen, inwieweit die Haltung Ihres*Ihrer Sportler*in über die Zeit stabil ist, inwieweit sie über Aufgaben variiert und ob auch andere Sportler*innen diese Haltung bei der gleichen Aufgabe haben.

Auf Basis dieser Informationen können Sie in einem nächsten Schritt besser beurteilen, auf was die Haltung aufbaut. Stellen Sie dabei fest, dass nicht nur ein*e einzelne*r Sportler*in ein zu geringes Wollen an den Tag legt, sondern das ganze Team, sollten Sie eher darüber nachdenken, ob vielleicht die Trainingsbedingungen oder Ihr Verhalten als Trainer*in das Wollen des Teams beeinflusst und wo Sie ggf. Anpassungen im Training vornehmen können. Nur wenn das Wollen ein passendes Niveau erreicht hat (und weder extrem zu hoch noch extrem zu niedrig ist), macht Motivationsförderung Sinn. Manchmal – auch wenn es nicht einfach ist, sich das einzugestehen – haben Sie als Trainer*in hierauf auch (im ersten Schritt) keinen Einfluss.

2. Was tun bei „zu viel Wollen"? – ein realistisches Anspruchsniveau entwickeln

Es ist wichtig, dass Sie Ihre Sportler*innen befähigen, selbst zu erkennen, wann ein Arbeitsergebnis für Sie als Trainer*in zufriedenstellend ist. Machen Sie Ihrem*Ihrer Sportler*in klar, anhand welcher Kriterien Sie Ergebnisse beurteilen, so dass er*sie weiß, was in Ihren Augen eine sehr gute Leistung ist und was nicht. Hilfreich kann es auch sein, wenn Sie dem*der Sportler*in sagen, wie viel Zeit er*sie (in etwa) für eine bestimmte Übung verwenden sollte.

Sollten Sie nach diesem Gespräch merken, dass sich das zu hohe Anspruchsniveau Ihres*Ihrer Sportler*in trotz der klaren Äußerung Ihrer Erwartungen nicht verändert, suchen Sie erneut das Gespräch. Es kann auch externe Hilfe in Anspruch genommen werden, sofern Ihr*e Sportler*in in Folge eines zu hohen Perfektionismus beispielsweise Anzeichen starker Erschöpfung oder andere Auffälligkeiten zeigt.

3. Was tun bei „zu wenig Wollen"? – den Sinn klar kommunizieren

Haben Sie das Gefühl, dass die unbefriedigende Leistung Ihres*Ihrer Sportler*in deshalb zustande kommt, weil es ihm*ihr an „Wollen" fehlt, kann dies darin begründet sein, dass er*sie den Sinn hinter einer Aufgabe schlichtweg nicht nachvollziehen kann. Warum diese eine Übung machen, wenn man sie doch schon kann? Missverständnisse zu klären, gehört zu Ihren täglichen Aufgaben als Trainer*in. Erläutern Sie, weshalb manche Übungen zu Ihrem Trainingsablauf dazugehören und Übungen, die im ersten Moment unsinnig erscheinen, unverzichtbar sind. Zeigen Sie dabei auch Konsequenzen auf, die bei Nichtdurchführung oder Aufschieben entstehen können – für Sie, für Ihre*n Sportler*in oder möglicherweise für die ganze Mannschaft. Beziehen Sie Ihre*n Sportler*in auch ein, indem Sie ihn*sie explizit dazu auffordern, Verbesserungsvorschläge einzubringen, um ein Training sinnhafter zu gestalten. Machen Sie deutlich, wie Sie diese Verbesserungsvorschläge aufgreifen, ggf. weiterleiten und umsetzen.

Literatur

Bakker, A. B., Demerouti, E., & Lieke, L. (2012). Work engagement, performance, and active learning: The role of conscientiousness. *Journal of Vocational Behavior, 80*(2), 555–564. https://doi.org/10.1016/j.jvb.2011.08.008.

Madigan, D. J., Steober, J., & Passfield, L. (2015). Perfectionism and burnout in junior athletes: A three-month longitudinal study. *Journal of Sport and Exercise Psychology, 37*(3), 205–315. https://doi.org/10.1123/jsep.2014-0266.

Voight, M., & Callaghan, J. (2006). A structural model on the determinants and reactions to athlete dissatisfaction. *International Journal of Sports Science & Coaching, 1*(1), 37–51. https://doi.org/10.1260/174795406776338517.

11